「中国共识」丛书
ZHONGGUO GONGSHI CONGSHU

正谊明道

中国新型政党制度何以为新

徐锋　高国升　著

人民出版社

目　录

引 言

2018年春，全国政协十三届一次会议期间，在参加民盟、致公党、无党派人士、侨联界委员联组讨论时，习近平提出了中国共产党领导的多党合作和政治协商制度是新型政党制度的重要论断。新型政党制度何以为新？习近平总书记从政党制度比较的角度给予了很好的阐释。他指出，中国共产党领导的多党合作和政治协商制度作为我国一项基本政治制度，是中国共产党、中国人民和各民主党派、无党派人士的伟大政治创造，是从中国土壤中生长出来的新型政党制度。说它是新型政党制度，新就新在它是马克思主义政党理论同中国实际相结合的产物，能够真实、广泛、持久代表和实现最广大人民根本利益、全国各族各界根本利益，有效避免了旧式政党制度代表少数人、少数利益集团的弊端；新就新在它把各个政党和无党派人士紧密团结起来、为着共同目标而奋斗，有效避免了一党缺乏监督或者多党轮流坐庄、恶性竞争的弊端；新就新在它通过制度化、程序化、规范化的安排集中各种意见和建议、推动决策科学化民主化，有效避免了旧式政党制度囿于党派利益、阶级利益、区域和集团利益决策施政导致社会撕裂的弊端。它不仅符合当代中国实际，而且符合中华民族一贯倡导的天下为公、兼容并蓄、求同存异等优秀传统文化，是对人类政治文明的重大贡献。[①]

中国共产党领导中国人民建政70多年了，我国政党制度也已确立、发展70年了，为什么今天又想到并提出来、说它是新型政党制度呢？这的确是一个应当探讨的问题。提问者朴素的感受是可以理解的。70年是不短的时间段，差不多是一个人一辈子的时光，这当中固然会发生无数新与旧的迭代更替，很多事物也难免由此而归于老朽枯落。但政治制度、政党制度却并非如此，它们的发育成熟是动辄以百年、数百年计的——70年的光景应相当于一个人的青少年时期。深入领会习近平总书记的重要论断就能看到，衡量政治制度、政党制度新旧的标准不仅在于简单的寿命时限，而且在于它们各自蕴含的生命活力的强弱。政治制度的新与旧不是孤立的、绝对的，而是比较的、相对的。对照产生于不同时代、不同政治生态中的中国和西方政党制度，中国政党制度之所以为新，首先，与时代的进步有关——它肇造于世界性民族革命、民主革命的新时代，因而不再是旧资产阶级革命时代的产物，因而在精神上更加现代化、更富于新时代民主主义的朝气；其次，与民主的类型有关——它是从属于、服务于一种新民主即人民民主的政党制度，而不是西方传统的自由民主的政党制度，因而在把握和展现民主的本质方面根本有别于此前的一切传统政党制度；最后，与文化的类型相关——它是立基于东方文明、中华文化的政治制度、政党制度，

---

① 《习近平：坚持多党合作发展社会主义民主政治 为决胜全面建成小康社会而团结奋斗》，《人民日报》2018年3月5日。

知·识·链·接

　　西方民主、中国民主都属现代民主的范畴，因而也多有相近、相通之处。但由于两者分别产生于人类社会现代化进程的不同阶段上、带有不同阶级政治的特质，故而又有较大的差异。西方民主是产生于资产阶级革命年代的民主，是所谓的自由民主；中国民主则是产生于世界无产阶级革命和民族解放时代的民主，是一种人民民主。如果我们把社会主义的民主称作新型民主，那么相应地，西方自由民主也可以被视作一种既有别于古典民主，又不同于新型民主的旧式民主，或曰传统的民主。由此可见，我们说新旧政党制度分别对应的是传统的西方自由民主和新型的中国人民民主。

而不像此前各国的旧政党制度那样基本上都是西方文明孕生、化成的结果。

　　新时代、新民主、非西方，这恰恰是新中国政治制度、政党制度的本色。同时具备这些本色并将其熔于一炉，这是人类政治文明历史上未曾有过的事。正因其如此，它们也才使得当代中国政治制度、政党制度具有重大文明创新的价值与意义，能为人类民主政治探索提供东方国家、中华民族独创的新方案，继而为人类现当代政治文明的进步做出中国人自己的新贡献。这里要强调指出的是，中国人是在自己的革命与建设、自己的政治生活中形成这些创新和贡献的，它们的直接目的是以自己的方式实现国家、社会生活的现代化，从而在百舸争流和列强环伺的当代世界中确保"国家不可乱、国土不可分、民族不可散、文明不能断"的基本价值，以永葆中华民族的生命活力、守护中国人民的安全福祉。近代以来，为接近和实现这些目标，中国社会历经百年沧桑、闯过无数急流险滩，时至今天也还是搏击在"历史的三峡"中。① 所幸的是，中华民族、中国人民从一开始的茫然无措和赤手空拳，到今天已然是找回了自信，且也赢得了不少上手性很强的政治手段和工具。这些自信、这些上手的政治的工具，今天也已成为我们在惊涛骇浪中不断前行的安危之所系、希望之所在。

中国共产党领导的多党合作和政治协商制度是当代中国尤其重要、关键的一项基本政治制度，它是新中国确立起来的第一个政治制度，中国人民透过它塑造了新社会生活各领域的制度框架，它内在地贯穿并深入地渗透和影响其他根本政治制度、基本政治制度，因而是中国政权安全、制度安全的重要保障。它反映了人民当家作主的民主政治的本质，是中国特色社会主义建设的重要制度保证。在中国，中国共产党以及团结在它周围的一切进步力量，接续了中国士大夫"为天地立心，为生民立命，为往圣继绝学，为万世开太平"的志业，一切以人民为中心、一切以国家和民族为重，最得中国民心也最懂中国、最真切地致力于中国的现代化。在近代以来的中国，中国共产党及其忠诚的政治盟友都是"正其谊不谋其利，明其道不计其功"的先进力量、进步力量，它们共同创造了最

---

① 唐德刚：《晚清七十年》（一），台湾远流出版事业股份有限公司 1998 年版，第 36 页。

充分融会中国政治民族性、现代性的新型政党制度，成功引领了中华民族、中国社会的现代发展，充分保障了此种现代发展的天下为公的中国特色、社会主义方向。在现当代中国，中国共产党及其一切政治盟友们就譬如我们头顶之上璀璨的北辰与星河，所谓"天运无穷，而极星不移"①；又所谓"为政以德，譬如北辰，居其所而众星共之"②。现当代中国的民主政治有其内在的秩序原则、"法的精神"——它是由我国文明的历史和民族文化根性所决定的。由中华民族、中国人民先天禀赋而来的大一统传统，决定了现当代中国政党政治的民主集中原则以及中国共产党的领导地位。这是历史的选择、人民的选择，也是一个古老民族、悠久文明的现代选择。

---

① 《易·系辞上》。
② 《论语·为政》。

第一章　现代政治是政党政治

　　人世有迭代、政制有变迁。现代政治从古代政治中走来，这两种政治确实会有某种传承，但毕竟有所不同。什么是现代、现代化？这是有必要予以先行讨论的东西。现代这个语词看似是个新字眼，但其实却是一个古老的历史范畴。迄今为止，它已经映射了一个极其漫长的人类社会演进过程。早在公元5世纪晚期，"现代"在欧洲即已被用以区分罗马法与基督教精神的内在不同，以及当下的、过往的时代的差异。今天来看，现代概念本身应当是融会了两方面的东西：时间的延展，以及价值的变迁。[①] 所以现代化从一开始就是朝向未来而敞开的，它也始终是一种未完成的、需要人的生活和创造来不断予以延展和丰富的东西。至于现代化，其本义是"使……成为现代（近世）的"，基本上是指文艺复兴特别是工业革命以后人类社会（包括近代以来）生产和生活方式所发生的根本性变化。综合社会学家的理解，现代化的根本、关键在于人的现代化，它是在人类征服自然、改造自身力量大幅提升的基础上获得

---

① 罗荣渠：《现代化新论》，北京大学出版社1993年版，第3—6页。

越来越多自由空间的历史进程。由此，现代化自然也就成了一切蒙昧、野蛮、保守、封闭、神圣、专制的反面，它意味着或曾经意味着市场化、工业化、异化，或者理性化、世俗化、大众化、个体化、多样化，抑或是民主化、官僚化，全球化、现代化无远弗届，形成了一个面向未来、不断更新的开放系统，形成了一个面向世界、具有强大渗透力的弥散性扩张结构，或早或晚、或深或浅，全世界、所有人都被纳入了这个系统及结构当中。在此过程中，一切知识、财富和力量都被不断地重新组织、生产和运用，人类本质力量以及人类社会构造都呈现出日新月异、一日千里的空前景象。

在这样的系统、结构中，政治本身也获得了新的内涵。政治应是基于权力和权威来组织社会生活、维护社会秩序和促进社会发展的公共活动，应是一门关于力量组织和均衡的艺术。由于古代社会生活构造上相对简单、所能触及的时空范围和实践领域也相对有限，所以适应此种社会生活的古代政治也就相对粗疏，地域色彩比较浓郁，组织与均衡的效能也整体低弱。现代政治则不然。空前强大的人类本质力量本就是一柄"双刃剑"，它既带来使人们从自然与社会压迫中大大解脱出来的可能，也带来恶化人与社会、自然的关系继而又强化了前述压迫本身的可能。由此，朝向怎样的自由、建构怎样的政治，怎样弱化以致避免人类自身力量的异化，特别是如何确保国家权力来源和运行的正当性，以及如何确保权力本身具有权威、具有认受性，自然成为现代政治的核心问题。现代社会的生命根本在于不断创新发展。因此，现代政治不可以没有充分的自由、不可以不把人类的自由解放和全面发展视作自己当然的归宿。

而在另一面，现代政治更是不可以没有恰当的和足够的权威。恩格斯曾列举机器生产、铁路运输和海上航行等诸多例子来说明权威和服从都是必需的。他认为，生产和流通的物质条件，不可避免地随着大工业和大农业的发展而复杂化，并且趋向于日益扩大这种权威的范围，所以不能把权威原则说成是绝对坏的东西，而把自治原则说成是绝对好的东西。权威与自治是相对的东西，它们的应用是随着社会发展阶段的不同而改变的。[①] 概言之，现代政治要提供更强大、更精致的组织与均衡的力量，它要服务社会，确保社会要有充分的自由；也要治理社会，确保政府要有权威；它还要协调社会，确保自由与权威在自身与社会关系中相辅相成、相得益彰。

现代政治或政治的现代化亟须一种新的权力建构和运行的模式。此种模式肯定要超越统治者、被统治者之间的泾渭分明，以及统治者单向度权力控制、暴力压制的传统模式，自然会转向一种统治者和被统治者彼此接近和融会、彼此妥协与均衡的创新模式——现代民主治理的模式。新模式能创生和存续的关键，在于它在政治体系上的合理性，以及其在政治伦理上的正当性。政治伦理上，新模式强调人民是主权者、民主政治就是人民自己来治理，这就在一定程度上为淡化、弱化政治生活的对抗性提供了广阔空间；政治体系上，新模式在国家和社会当中找到了、建构了新的缓冲和沟通机制，客观上也程度不等地起到了舒缓政治压力、减少直接冲突的作用。现代政治特别强调国家能力——国家适应经济社会革新发展的

---

① 参见《马克思恩格斯全集》第 18 卷，人民出版社 1964 年版，第 341—344 页。

能力，以及国家同化、整合各种体制外或新生力量的能力。此种能力从何而来？在于国家因上述体系上、伦理上的新变化而具备了新型的和高度的权威——它让传统模式下要依托暴力方能推行下去的东西，转变成人们自愿、自觉接受和执行的东西。在此基础上，现代政治或曰政治的现代化，就比较容易实现政治的制度化、法治化、稳定化、和平化和民主化，以及行政的高效化。此种政治也就是人们所期待的法治政治、民主政治、高效政治——此种政治即政党政治。而其走向成熟的过程也就是政党政治形成、确立的过程。现代政党、政党政治就是前述新模式所以为新的关键所在，就是沟通国家与社会的关键所在。

现代国家的经验实践证明，政党政治是实现权威理性化、政府高效能和方便公众政治参与的手段。政党在现代政治中的地位和作用恐怕还不止于此。政党的存在乃是出于现代政治的必然，它也是传统社会中政治分裂导致治理危机的产物——当专制政治山穷水尽、无以为继时，政党在大多数国家的现代化进程中构建或驱动了新政体，并引领了社会的新发展。由此我们说，现代国家、现代政治没有政党是不行的；在现代社会中，是政党创造了民主或保障了民主的运行，没有政党、政党政治的现代民主是无法想象的。

一、早期的"党"为何惹人厌烦？

政党曾经很惹人厌烦。无论在中国、西方，人们一开始对政党都没有什么好印象。

（一）中国人起先是反感"党"的

先看看中文里"党"字的意蕴。党的金文、篆书写法相近，即 𩫖，其字面意思仿佛就是"尚黑"。不过，许慎在《说文解字》中给出的权威解释则是："党者，不鲜也。"[1] 对此，段玉裁给的注解是："党，不鲜也。新鲜字当作鱻。屈赋远游篇。时暧曃其曭莽。王注曰。日月晻黮而无光也。然则党曭古今字……"[2] 党原来就同腐朽、晦暗的东西相关联，所以中文语汇中与党相关的语词也大多将其归结到不良、消极的一面中去，譬如：结党营私、党豺为虐、同恶相党、党恶佑奸、党邪陷正、狐朋狗党、阿党比周、以党举官、狐群狗党、成群集党、朋党比周、呼群结党、党同伐异、阿党相为……概言之，党是个坏东西，或者起码不是个好东西——因此中国古人很是强调所谓的"君子不党"、"无偏无党"。

（二）西方人较早也很讨厌"党"

西方人也是很早就提到党这个东西。古希腊希罗多德、修昔底德的史著中都反复提及雅典、斯巴达和叙拉古等地的党，古罗马史学家阿庇安也一再讲到罗马、迦太基的党，他们也都对这些党及其政争表示了某种程度的厌憎。在近代西方，人们一开始也对党抱持强烈嘲讽、厌弃的态度。文学家贴近大众生活，故而敏锐地捕捉到了这一时期民众对于党的普遍的不屑。18 世纪英国作家斯威夫特在

---

① 《说文解字》（卷十·黑部·黨）。
② 《说文解字》（卷十·黑部·黨）。

《格列佛游记》中就绘声绘色描述了小人国中高跟党、低跟党钩心斗角的种种丑态，辛辣地讽刺了当时英国议会中的派系党争。政治家们起初也都很不待见党这个东西。法国大革命时期思想家孔多塞就讲，法兰西共和国最基本的需要之一就是不要政党。[①] 美国总统华盛顿就曾一再警告人们注意政党的毒害。他认为政党之弊有三：一是导致苛政。轮流执政会因政党不和而产生复仇心与苛政，轮流统治本身即可怕的专政，并终将导致更正式更永久的专制。二是成为野心家攫取政权的工具。野心勃勃、毫无原则的狡诈之徒可靠它来颠覆人民的政体、篡夺政府统治权，然后把政党之类的工具全部摧毁。三是造成国家动荡和人民对立。政党如欲上台执政，必千方百计诋毁对方，它点燃仇恨之火，煽动骚乱和暴动，使社会动荡不安……政党总是在涣散人民及其议会，削弱政府，造成联邦的软弱和分裂。所以他大声疾呼：若要维护用鲜血与泪水换来的自由和独立，那么就必须抛弃并驱赶政党精神这个恶魔。其实，华盛顿本人基本上算是一个联邦党人——但这个联邦党人在选择不再连任总统后的告别演讲中也还念念不忘提醒美国人民警惕政党的恶劣影响。[②]

美国第三位总统杰斐逊起初也是非常讨厌政党，甚至一度扬言："若非得和政党一起才能进天堂，那我宁愿不进天堂。"[③] 但正是这个杰斐逊，不久就成了美国历史上第一个主动组党并依托政党

---

① ［意］萨托利：《政党与政党体制》，王明进译，商务印书馆2006年版，第26页。

② ［美］亨廷顿：《变化社会中的政治秩序》，王冠华等译，三联书店1989年版，第372、373页，以及 Keith Ian Polakoff, Political Parties in American History, New York, 1981：24.

③ ［美］彼得森：《杰斐逊集》下，三联书店1996年版，第1058页。

来选举并当上总统的人。于是人们大开他的玩笑：你不是不乐意和政党一起进天堂吗？但你好像一点也不介意和它一起进白宫啊。不仅杰斐逊，各国政界陆续都开始依靠政党来运作民主政治，并逐渐给予政党较高的地位和评价，政党逐渐被认为是公民控制国家权力之手的延伸、联系国家和社会的桥梁纽带，以及驱动民主运转的引擎。人们对于党的态度为何如此"前倨后恭"？是因为逐渐认识到党可以用来服务于公益。于是，人们开始有意识地赋予政党语词以新的、现代的内涵，并努力将其与旧派系区分开来。派系与政党的根本不同在哪里？政党要在服务公益并得到人民认可的基础上动用公共资源，派系则总是会绕开公益而直接谋求自己的私利。既如此，那么此前人们厌憎鄙弃的所谓"党"不过是一些比较坏的派系而已，而其他一部分派系则是有可能被改造好的。是的，政党的出身确实不怎么样，人们首先承认这一点，但这并不影响它可能发挥积极的作用。打个比方，政党与派系的关系就仿佛是疫苗与病毒。病毒凶猛，往往致命。疫苗呢？它们可能是病毒灭活后制备而来的，不仅不致命反倒能用来救命。早期政党源于派系，这样的出身它们自己是无从决定的，然而一旦转变成现代政党，自然也就不再像派系那样以私害公、凶猛有毒了，而是要有志于一心为公、服务公益。当然，疫苗也有失效的情况，政党搞不好也可能会忘记其初心。于是，这就有了政党政治的一个有规律性的现象：派系或可进而为政党，政党或可退而成派系。关键在于现代政党是否满足了、坚守了社会公众对于它的角色期待：充当联系国家和社会的桥梁和纽带，充当人民群众控制政权的工具和手段。概言之，也正因为此种公益的属性以及其作为政治中介、民主工具的本质特征，政党方才能成为现代政治生活中颇有价值且能长期存在的东西（见图1.1）。

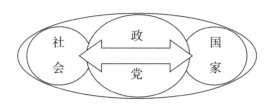

图1.1 政党在政治生活中的位置

（三）现代政党：内涵与作用

在现代政治中，政党一般被认定为这样一种政治组织：它有一定的纲领和组织、纪律，往往代表特定的阶级阶层或集团，不断地致力于接近、影响或者控制政权，它的根系在社会公众之间，它的枝蔓则延伸到国家政权当中，是现代社会中"有组织的意见"、"有意见的组织"，是现代政治中斗争或合作的工具。政党在大多数国家主导或参与政府政策过程，其最紧要的任务是对社会上的价值做权威的分配，为此它至少要致力并胜任如下工作：（1）为社会制定目标、为政府设立日程；（2）进行各种形式、不同程度的政治动员，并担负政治社会化的工作；（3）帮助公众实现利益表达、意见表达，推动完成社会整合；（4）招募、培养和录用政治精英，使其自觉以服务社会公众为志业。围绕这些工作，政党内部、政党与国家、政党与社会、政党与政党之间总会发生和存在种种纷繁复杂的政治关系和政治过程。这些关系、过程的总和，就是人们通常所谓的政党政治。

二、现代政党与民主的关系

任何国家，只要想国富民强、想摆脱落后窘境，就只能搞现代政治；而要搞现代政治，就只能构建或引进某种形式的民主和政党政治。政党以其卓越的业绩、独特的地位而变得不可或缺。特别是政党作为政治中介、民主工具的地位和作用，更是现代社会中其他任何政治主体都不能替代的。

（一）专制君王无法替代政党

人们较早曾希望君王能担负起后来的政党的职责。这在近代西方尤其明显。西方资产阶级第一套政治方案还不是今天的代议政治、议会民主。相比较而言，他们起初更希望王权强大起来，以便能保护自己、能帮自己统一和开拓被封建割据搞得七零八落的市场。这与资产阶级早期卑微的地位、欧洲封建制度对资本主义萌芽的摧残直接相关。譬如，封建领主们就曾立下这样的恶法：商人运货的车如果倾覆，货物散在了地上，抑或商船搁浅在了海滩上，那么这车上、船上的货物就不再属于这个商人了，而要归拥有那倾覆地、搁浅滩的领主所有。① 这显然很接近"人对人是狼"的状态了。为让人们免于此种伤害，启蒙思想家们所建构的理想政体首先就是君主专制，人们一致通过契约把自己的权利全部转赋给国王，国王因此就能像旧约中所提及的海兽——利维坦一样强大无比，从而战胜敌人、

---

① ［美］杜兰特：《信仰的时代》，天地出版社 2007 年版，第 603 页。

保护人民。① 君主真能如此行事吗？人们很快就失望了。欧洲的国王们的确希望人们支持自己扩张权力，君主专制起初也的确一度扶持了资本家的工商业发展——欧洲现代化起初能得以迅速展开，君主专制是功不可没的。但在此后，它带来更多的却是奴役和伤害。人们恍然意识到，任何人哪怕圣人都无法抵御绝对权力的诱惑。只要把权力都交到一个人手上，那么他就一定会倾向追求绝对权力，一定会走向排斥异己的独断统治。权力有腐蚀性，人也会滥用权力，绝对权力导致暴政、导致绝对腐败，这是千古不易的道理、规律。近代法国权力最大的国王恐怕就是路易十四了，他号称"太阳王"，曾穷兵黩武、一度称霸欧洲，他讲"朕即国家"，他还说"只有国王才有权力思考和决策"——这是何等的刚愎和倨傲！他的儿子路易十五也有句名言（也有人认为是其情妇蓬皮杜夫人所讲），即"我死后哪管洪水滔天"——这又是何等的自私和暴虐！所以，专制君王是靠不住的，他们根本不能代表人民，他们把人民祸害得不太狠就已算得上是仁慈了。最终，逐渐强大起来的资产阶级还是要以革命来推翻君主专制、推动现代化的历史车轮继续向前。

（二）军队也无法取代政党

推翻君主专制并不必然意味着民主的到来，军人政权接踵而来的概率也不低。20 世纪一百年间，世界上出现过一百多个军人政权，且不论其统治的模式与绩效如何，它们都有一个共同的特点：难能

---

① 参见［英］霍布斯：《利维坦》，黎思复、黎廷弼译，商务印书馆 1985 年版。

长久。军人政权更多地被视作一种政治的病态、病态的政权。为什么？军队是不少人寄托安全感的对象，在不少国家人们对于军人会感到比较亲切，毕竟他们多来自民间、是"子弟兵"，与民众有天然的情感联结。让军队来联系国家与社会、全面服务国家与社会，这似乎是不坏的主意。既然军队纪律严明、有完整的组织建制、做事效率高、干什么都能立竿见影，那么由它来执政又有何不可呢？此种看法无疑是片面的、幼稚的。它忽略了军队是职能单一化、对抗任务型的武装集团，它是可以有效行使其压制职能，但不能胜任复杂、多样的统治职能。卢梭讲，最强者并非能永远保持其主人地位，除非它能将力量化为正义、将服从化为责任。[①]军队很难做到这一点。现代政治、现代统治是复杂精密的组织化行为，不仅需要强制性权力，更需要人们对掌权者掌权正当性、合理性的信服——掌权者更需要有权威。权威是什么？成功的说服。怎样的说服算是成功的？明明是掌权者希望民众去做些什么事，而民众却因掌权者的劝说而觉得自己本就应当去做这些事。[②]有道是"秀才遇见兵，有理说不清"，军人遇到老百姓，恐怕也很难"讲清楚"、"说明白"：一是深受单一技能的限制，军人、军队本就不像专业化政治主体那样能应对自如地面对社会上多样化的要求，因而往往缺乏必要的政治智慧；二是军人、军队主要是依托财政供养，也就无法像社团或政治组织那样容易独立地、常态化地自主提取和组织使用必要的社会资源；三是军人、军队主要是依循命令—服从的法则行事，往往又不能免疫于

---

① ［美］亨廷顿：《变化社会中的政治秩序》，王冠华等译，三联书店1989年版，第9页。

② ［德］韦伯：《经济与社会》（下卷），林荣远译，商务印书馆1997年版，第269页。

军阀割据、暴力独裁。概言之，军人政权长于压服、短于说服，能垄断权力但很难赢得权威，这是其引领现代政治时天然的、无法补齐的短板，它也因此无法在联系国家与社会方面媲美政党。

（三）官僚同样无法取代政党

自工业革命以来，官僚科层制已成为有一定规模的企业或社会、公共组织管理不可或缺的工具和手段。官僚日常与人民打交道，他们的出身及其同民众的联系也不弱于军队。但官僚们的技能、经验还是更为丰富和全面——他们似乎有可能来替代政党了。然而，有官僚科层制的地方就会有官僚主义现象。马克思曾批评指出，官僚机构认为它自己是国家的最终目的……国家的任务成了例行公事，或者例行公事成了国家的任务，官僚政治是一个谁也跳不出的圈子。客观存在的等级制是知识的等级制——上层指望下层了解详情细节，下层则指望上层了解普遍的东西——结果彼此都使对方陷入迷途。[①]正因为如此，在中国破天荒创立了第一个人民政权的中国共产党人才数十年如一日、锲而不舍地致力于反官僚主义。20世纪50年代末，毛主席曾向党的干部推荐阅读一本西方刚出版不久的新书——《帕金森定律》。这本书讲了什么？它又缘何能引起一位东方国家领袖的关注？当时，中国党和国家正在反官僚主义，而这本书则是恰逢其时，淋漓尽致地揭露了官僚主义的弊病。帕金森是英国著名历史学家，曾任教于哈佛大学。1957年，他在马来西亚一个海滨度假

---

① 参见《马克思恩格斯全集》第3卷，人民出版社2002年版，第60页。

时"顿悟"出一些关于官僚主义的规律，随后著文发表在《经济学家》上并一举成名。1958年帕金森又把它拓展整理成书。此书出版后被译成多国语言，并在美国长居畅销书榜首。此后，帕金森定律更是同"墨菲法则"、"彼得原理"一起，并称20世纪西方文化最杰出的三大发现、西方管理学的三大定律。帕金森定律具体可细分作十个条目，我们在这里仅举一例——其名目大抵与遴选庸人律、冗员增加律相关：譬如一个官僚长官，若他觉得自己对本职工作力不胜任，那么他便会面对如下三种选择：第一，干不了就辞职不干；第二，找比自己能的人来帮自己；第三，找不如自己的人来帮自己。"武大郎开店"的心理恐怕全世界人民都有，这是不难推知的。于是，大多数人都倾向于第三个选项。但即便找了这样的人来帮忙，难题也还是解决不了，工作也还是做不好——他们的能力更差，这怎么能做得好呢？于是这些帮忙者又会如法炮制，再找另外一些比他们更低能的人来帮助自己。这就是官僚机构臃肿不堪、人浮于事、相互扯皮推诿的秘密所在。概言之，官僚队伍总会不断膨胀，组织效率却总是越发低下。因为大多数庸人官僚总是长于制造更多问题，却短于高效率地服务公众和社会，所以官僚主义总是会天然地倾向于割断国家机关与人民群众的联系，最终总是会导致权力运行严重脱离群众。这也是中华人民共和国成立70多年以来，我们今天"反四风"还是要聚焦反官僚主义的根本原因。

概言之，没有其他组织主体能取代政党在现代社会、现代民主中的地位和作用。专制君王、军队、官僚难以在这方面望其项背的根本原因，在于他们往往更多地专注于权力本身，却忽视了权力的根基在于人民、在于社会和公众。现代政党则有根本性的不同。自从派系脱胎而来后，它们便关注和厚植自己的社会基础，且始终都要努力将自己掌权的正当性基础建构在人民支持上。现代政党之所以能出入政权，根本就在于能够常态化和直接、深入地联系人民群众。尽管如此，政党特别是旧式政党还是难免于各种政治弊病，有的甚至最终难脱旧派系的窠臼。需要指出的是，尽管被定位为联系国家和社会的桥梁、纽带，但政党的定位、立场总还是会在国家和社会之间游移——或偏向国家多一点，或偏向社会多一些。这当中，完全国家化或民粹化的政党都难免有返祖蜕变、重新拥抱官僚主义或回归派系的嫌疑。再就是，政党在组织上也还存在寡头统治的扰乱、有蜕变为寡头组织的可能。总之，政党到底是出入国家、根在社会，还是弄权误国、祸害公众，这一直都是相关比较研究中必须予以重点关注之处。

三、对一个基本概念的讨论——什么是政党制度？

政党制度是一种制度，我们且先依次理一理什么是制度，再来看政党制度的内涵。

（一）制度是规范的体系

亨廷顿讲，制度是稳定、受珍重和周期性发生的行为模式。[①]

[①] ［美］亨廷顿:《变化社会中的政治秩序》，王冠华等译，三联书店 1989 年版，第11—12 页。

在中国人看来，制度首先意味着一种规范体系，它的内里中总是隐含着为特定共同体所公认和崇尚的东西——秩序。秩序起码包括共同体内部两方面的东西，一是核心的价值观，二是核心的利益（或利益格局）。就共同体而言，制度总是要借助一些有普遍约束力的规范性的东西，来引导、节制和调节人与人之间不同层面和领域中的交往。秩序寄托了某种共同理想，制度则是要将其外化、物化和变现，并使之得以长期的维系。制度还意味着共同体及其成员彼此间皆有可预期的、确定性的行为——它们带来稳定性。人类社会小到个体、家庭，大至国家、世界，都会对各自所面对的种种不确定性充满焦虑，而这又往往导致误判和敌对行为。其实，包括战争在内的人类大多数敌对与冲突的诱因，往往不是出于勇武或自负，而是出于对彼此的不确定性的忧惧。因此，制度也就成为一种维持公共性、支撑不同社会主体间相互理解和交往的通用框架，它也因此才能根本地、全面地维持特定秩序。概言之，正如邓小平同志当年所讲过的，制度带有根本性、全局性、长期性和稳定性，它是任何一种文化、任何一种公共生活所必不可少的元素或层面，也是文明社会、良善政治能得以存在和维系的根本所在。

（二）政党政治与政党制度是一体两面的

作为政治规范的政党制度，主要是用来规范政党政治的。所谓政党政治，就是由政党来掌握或影响国家政权，由政党来引领政治生活以至整个社会生活。政党政治意味着一系列存在于政党内部、政党与国家、政党与社会、政党与政党之间的相互关系和政治过程，以及这四方面关系和过程间的彼此关联和作用，共计五个方面，它们构成有机的系统并直接驱动民主运转。在这五个方面中，前四个方面相对直观，比较好理解。第五个方面还是有必要稍加解释的。政党内部、政党与国家、政党与社会、政党与政党这几方面的关系和过程并非互不相关、各自孤立的，而总是紧密关联和相互制约的。譬如在某些国家，唯一合法的政党或执政党内部的关系其实最具根本性；而在另外一些国家，政党与社会或是政党与国家的关系更具根本性，因而会更直接、更深刻地左右和影响其他几方面的关系。当然，在现象层面，大家一般所关注的、了解更多的政党政治，基本上也都是分布在政党与政党、政党与国家、政党与社会这样三个关系与过程的领域，我们也不妨以此来对政党政治做一个相对简化的理解。概言之，政党的存在和活动所派生或关涉的这些关系、行为和过程总汇形成政党政治，政党政治在特定共同体中总是自然产生制度化的倾向，并最终积淀为某种政党制度。所以说，政党政治与政党制度具有同构性，政党政治的另一面即为政党制度。

(三) 中国人对政党制度有自己的理解

在现代社会生活中，相比较而言，同样作为特定秩序的外化的体现，尤其是作为政治制度的政党制度更能够直接地影响或维护特定政治关系，特别是特定的国体和政体、权力或权利。相比较而言，中国人更喜欢谈政党制度，也比较习惯于从前述政治秩序与规范的角度来理解、把握政党政治；西方人则更习惯于讲政党体制，往往从民主政治、政党行为及政治过程的角度来看待政党政治。应当指出，中文中"政党制度"这一语词在西文中似乎并不存在与之完全对应的词汇，我们中间相当多的人一提到政党制度的类别，就惯于将西方语境中的"一党制"、"两党制"、"多党制"归结为、等同于政党制度，并将它们与"中国共产党领导的多党合作和政治协商制度"并列为四。这样做看似便宜，但其实并不完全妥当。政党体制（party system）更多的是强调经验和实践的东西，其分类标准也主要以西方式竞争性选举为基准，所以并不像我们中国人对政党制度的关注那样更倾向于规范性的东西。由此，当我们要对不同的政党制度加以区分时，所宜选取的分类标准还是要明显有别于西方区分政党体制的标准（见表 1.1）。

表 1.1　政党制度的分类

分类标准	政党制度的类型	
民主类型	自由民主的政党制度	人民民主的政党制度
政权性质	资本主义政党制度	社会主义政党制度
文化类型	西方的政党制度	非西方的政党制度
政党地位	多元化的政党制度	垄断型的政党制度
政党关系	竞争型的政党制度	合作型的政党制度

　　鉴于政党制度、政党体制间在内涵与外延上的差异，我们似乎也可以这样认为：名曰"政党制度"的这个东西，大概是我们中国人所独创、独厚的一个现代政治范畴，它更代表一种中国眼

光，更多地反映了我们自己对于民主政治、现代政治及其特质的相对独到的看法。为此，我们在本书后续的内容中也将依据这样的视角，来区别对待各种政党制度，以此来具体比较中西方的政党制度。

第二章　世界上有不同的政党制度

　　在谈及政治制度问题时，习近平指出，各国国情不同，每个国家的政治制度都是独特的，都是由这个国家的人民决定的，都是在这个国家历史传承、文化传统、经济社会发展的基础上长期发展、渐进改进、内生性演化的结果。① 所谓"物以类聚，人以群分"，不同个体、群体或共同体因为必须要面对不同的环境和问题，所以一定会有不同的经历和认知。久而久之，风俗、习惯以至文化和传统就会有所差异。不同文明、不同共同体文明进化的节奏和程度都是不一样的，这是常识。因此，它们各自走向现代化继而构建、运行现代政治的时间节点，以及各自所处的内外生态情境，也都参差不齐。譬如人们一般认为西方的近代史就开始于 17 世纪，以英国资产阶级革命、欧洲启蒙运动为标志，当然也有个别学者甚至会上溯到 14 世纪。相形之下，中国近代史的开端则至少要比西方晚两百年以上。这样，虽然人们在时空上确实是并存于同一个世界的，但这并不必然意味着大家在文明的发展上也同处于一个阶段。我们并不否认人类文明有其共性，但我

---

① 习近平：《在庆祝全国人民代表大会成立 60 周年大会上的讲话》，见《十八大以来重要文献选编》（中），中央文献出版社 2016 年版，第 60 页。

们更不能忽视不同共同体、国家和地区间巨大且广泛的差异。那么，由于每个共同体总离不开对于自身境况的观照，总有其与众不同的现实需要，它们对政治包括现代政治的理解自然不会相同，那么它们所构建或运行的民主制度、政党制度也就不会相同。

一、历史不同，则文化相异

人类社会、不同民族的人们为什么要不断地回到历史，一次次地重新认识或者改写它？就因为历史当中蕴含了某些先天的基因、隐含了某些高概率的趋势。有什么样的历史，就会有什么样的文化。

（一）历史的开端与文化的基因

人类历史就是人类主体（个体、群体与整体，特别是民族共同体）的经历，是人类主体在特定的时空延展中同特定环境、事物打交道的接续的时间与过程，包括基于这些时间与过程的相关记忆和传承等。冯友兰先生讲，历史有本来的历史、写的历史，本来的历史是客观发生过了的历史，它曾经波涛汹涌、奔流不息，但于现在、当下观之，就仿佛是凝固了的河流；写的历史则是主观认识到了的过去，它与本来的历史是一种原本和摹本的关系，它永远都只能相对地、近似地反映其原本——那条凝固的河流，且也永远都需要不断地被改写。[①] 对于任何民族共同体而言，原本的历史、凝固

---

① 冯友兰：《中国哲学史新编》（上卷），人民出版社 1998 年版，第 1—2 页。

的河流看似与当下的时间脱离了关系，但并非因此就全然丧失了其当下的价值与意义。恰恰相反，历史沉淀在了当下鲜活的生活的深层、底层，历史镌刻进了当下不同个体与群体的认知和情感，它已经无条件限定了特定共同体生活的开端，且也已整体上刻画出了该共同体朝向现实的轨迹、河道，它还必将对该共同体生命与生活演进的未来产生深远影响。所谓察往事而能知来者，人们与历史打交道、希望破解其密码，同时也就是在同当下的自己打交道、努力在现实中做出合理的决定。正是在这个意义上，我们说一个民族能传承多么久远的历史和文明，一般也就能走出多么长远的前途与未来。

自远古时起，人类历史中不同的文明彼此间就有一定的接触、交流，这是公认的事实。但我们也有理由相信，在满天星斗式分布的早期人类文明的源头上，不同文明的先祖们恐怕还都是要独立地面对不同的生存挑战、独立地开创各自的历史与文明。从发生学角度来看，源头、开端对于任何文化族群或民族共同体后续的历史展开都是极端重要的。它首先是将某些特定的基因注入了共同体机体及其文明创造的历史中。共同体从源头上所先天禀赋到的东西，以及它们此时就存在的固有缺憾等，都会从根本上影响到其未来历史、文化的构造和特质。文明与历史的发生也会因此而形成和维持种种路径依赖。很多的历史和文化现象，以及不同共同体中人们在面对相似情境、事件与时机时的不同选择，表面看似乎是偶然或个别的，但其实却总在内里上深受路径依赖的制约。概言之，因为历史与文明在发生起点上的差异，不同文化族群、社会共同体分别禀

知·识·链·接

　　道格拉斯·诺斯较早提出"路径依赖"理论，并据此成功阐释了经济制度的演进，为此他获得了 1993 年的诺贝尔经济学奖。所谓路径依赖（Path–Dependence），是指人类社会中的技术演进或制度变迁都有类似于物理学上所讲的惯性，事物演变一旦进入某一路径，又或者人们一旦做了某种选择，就仿佛走上了一条不归路，惯性的力量会助成此种选择不断强化，人们因此也就极难逃脱前述因选择而注定了的路径。

受了不同的文明基因，逐渐走上不同的文明发展道路，这就必然导致世界上不同地方不同的文化创造，以及多样性的文化类型的共生、并存。

　　（二）历史经历与中西方文化的差异

　　文化是什么？古今中外的人们有不同的理解。这当中，我国学者梁漱溟先生的看法比较简洁，他讲文化也就是人们的活法。① 那么这个文化、活法定然会包括人们看世界的看法、想问题的想法和做事情的做法。一个民族有怎样的经历、历史，就有怎样的活法、文化。在这当中最根本和最关键的，应当就是人们对于世界的看法。此种看法不一样，则与之相关的想法、做法自然也就不一样。

① 《文化并非别的，乃是人类生活的样法》，参见梁漱溟：《东西文化及其哲学》，商务印书馆 1999 年版，第 60 页。

人们的思维、行为归根结底还是取决于他们的世界观。不同的人们特别是不同民族的人们在世界观上的差异，又深受其所属文明初始时期先民们生活境况和经历的影响。民族不一样，文化与文明在产生、源流和发展上相异，那么大家看世界的看法自然也就不同。中国文化、西方文化对于世界的看法在源头上就呈现出明显的不同。这样一种态势随着历史的演进而不断强化，于是逐渐在对很多问题的理解和把握上都会有较大分歧甚至大相径庭。总的来讲，古往今来我们中国人看世界都是倾向于天人合一、人以配天或参天化育的。西方人则相反，他们更倾向于天人相分、人神相争。相关例证可谓比比皆是。譬如医学、医术，西医将人体视作机器，中医则将人体看作小宇宙；中医医理上讲的脉络、穴位，西医用解剖学方法是无从确证的，但中医的针灸却往往一扎就灵。又譬如画画，中国画写意较多，不太注重光影和透视；西洋画则更重写真，且其最伟大的艺术家中又有不少科学家、工程师。再譬如《易》讲阴阳变化，古代中国人几千年来一直用它来算卦，希望能从中窥见天机；而近代西方著名的科学家、中华文化的爱好者莱布尼茨却因此而有了伟大的科学创新——我们相信他创立的二进制数学中的"0"、"1"，在世界观、思维方式的底层上，有很高概率同《易》的"--"、"—"存在某种关联，而二进制数学现在也已成为计算机信息技术的数理基础。由此可见，看法不一样，即便是面对相同、相近的事物，人们的想法和做法还是会大不相同。如果说人类生活的很多方面都是在模拟、仿生外部世界，那么受各自文化、世界观影响，西方人更注意中微观层次上精密的理解和操作，而中国人则更偏向宏观层面上的整体但粗疏的贯通和把握。

这样大的差异从何而来？大约是从文明的起点开始。现当代西方人绝大多数都是日耳曼人后裔。早期日耳曼人向外的持续征服、扩张不是没有原因的，关键就在于他们原居住地的生存条件极其严酷。造物主没怎么关照他们，高纬度地区不适宜种植定居，日耳曼先民们起先只能从事渔猎、游牧，但即便这样也很难养活自己，于是逐渐转向贸易、劫掠。无论渔猎、游牧，还是商贸、劫掠，这些活法都自然要强调人的力量，需要个体的强大、需要人类特别是其个体具备顽强的征服意志和控制能力。不只是日耳曼人，古希腊人、古希伯来人起初也曾面对相近的更严酷的生存考验，所以其神话传说中也都是倾向于人神相争、天人相分。譬如古希伯来人的《旧约圣经》中就记载，人类始祖违抗神命、偷吃了智慧果从而犯下原罪。古希腊神话故事也讲，众神赋予各种动物生存技能时曾一度忘记了人类，后来是普罗米修斯从阿波罗处偷来火、从雅典娜那里偷来智慧武装了人类。西方文明盖缘起于人与神之争、人与人之争。《荷马史诗》就记载了关于一个苹果诱发三位女神相争，继而引发大规模人与神、人与人对决的特洛伊战争的传说。这场战争中，神就如同人一样自私、残暴、贪婪。日耳曼人后来能在文化上传承古希腊、古希伯来文明的精神气质，恐怕就是因为早期生活境况上的此种相似性。一定意义上讲，在其萌芽时代里，相对晚近的日耳曼人文明基本上是以另一种形式重新经历了古希腊、古希伯来人的故事。相形之下，古中国中原地区的生存条件是相对优越的，我们的先民们自然会对给予自己这样优渥待遇的上天抱有更多的亲近感，而以农耕、种植为主的生活也使得他们更注重人类集体、整体的力量——个体未必就一定要强大，但其所在的共同体却一定要因整合、团结而持久有力。由此，中国人逐渐形成和传承了天人合一、整体主义、和合共生的文化文明内核，它并不太强调个人个体的地位和作用，也不大喜欢分化和分裂，而是更愿意顺天应人、更惯于悦纳和谐相处。西方人、日耳曼人文明则相反。既然人是"遗忘和盗窃（先被遗忘、后被偷来的东西所武装）的产物"，"一半是神、一半是兽"，那就习惯了从上帝手里或偷得或抢得本不该属于自己的东西。① 于是，天人相分的宇宙观，个体主义的社会观，以及物竞天择的自然史观和社会史观，也就逐渐汇成日耳曼民族文化传承的主流。

　　这样一来，古代中西方文化的基本图景也自然会有根本性的差异：日耳曼人文化图景中最具象征性的是维京海盗，中国文化图景最典型的则是男耕女织；海盗文明崇尚铁血与争斗，农耕文明推重汗水与谐和。历史、文化都是一贯的，它们彼此相浸润，就仿佛阳光和空气一样，会对人、对共同体的生活产生种种"弥散性"的影响。久而久之，人们会从中习得一种惯性、共同体会因此积淀成某些传统——传统传统，古已有之、于今为统——结果是先民们"怎样看"、"怎样想"和"怎样做"，往往会传承到今天，并对今人的思维和行为产生极其深刻的影响。

---

① 譬如，至今保守一些的西方人也还会出于宗教原因抵制胚胎和基因工程的研究，他们认为决定生与死乃是上帝独有的权力。

（三）传统以及现实生活的差异

先看饮食。西方人一日三餐两头冷、中间热，中国人三餐都讲究热热乎乎，这当然与卫生条件的差异有关，中国人加热一切食物、饮用水的习惯能够更好地预防疾病。其实，饮食习惯上的差异还不止于此。中国人吃饭用筷子就是适应了加热食物的需要，西方人用刀叉则更多地反映了他们摄入肉类较多的特点。再者，世界上很难再找到另外一个像中国人这样一个能够将美食文化发展到极致的民族了，中国人讲"民以食为天"，讲究"食不厌精"；西方人也喜欢美食，但对于吃却总体上看得要比我们淡一些，其实还是更接近于一种维持生命需要的层次，此种差异里面无疑是有其他不少复杂的自然人文和历史原因的，我们就不再赘述。再看时间观念。世界上不同民族人们的时间观念、守时习惯的强弱是非常不同的。一般来说，越是工业化较早、现代化程度较高的地区，人们的时间观念越强。整体来看，我国国民的时间观念还是相对弱一些，这主要得归因于数千年农耕文明的滞后影响。这个比较好理解。不仅国家之间，一国内部不同地区之间也一样。我们国家从西部内陆到东部沿海，越是相对发达地区，人们的守时习惯就越强。反之，在一些还非常贫困、落后的边远地区，日出而作、日落而息的活法一如既往，人们对于时间、效率也就没有多少概念。很多日常生活现象层面的差异背后隐藏着丰富的历史、文化信息，这都是相关比较研究所宜关注和解析的东西。为什么？简单性生成复杂性，复杂的结构、组织和行为，以及复杂的社会和文化生活系统，根本上往往系出于简单的生存的目的。古往今来，人们总是在受限的环境中摆脱旧束缚，但同时又创造出限制自己的新的环境，而生活的内容也的确是逐渐丰富起来了，人与社会的自由度也确乎是不断地增加了。就这样，中国人或西方人其实是分别从不同方面以不同的方式丰富了人类的生活、增强了人类的本质力量。

再看稍微复杂的情感与意见表达方面的差异。中国人表达意见不像西方人那样直白、那样直截了当，而是更喜欢委婉。中国史籍中留下过不少成功讽谏、游说的名篇，其中就有大家熟知的《战国策》中的《邹忌讽齐王纳谏》、《触龙说赵太后》。邹忌劝齐王多听听不同的声音，但直白来说会给王上留下批自己容不得异见的感受，于是就从自己的妾、夫人及宾客皆因自身原因不愿或不能实话实说自己不若徐公美的事例来喻指、讽谏；触龙则是在以自己为子求职的舐犊之情博得（当政的）赵太后同感、好感后，又正话反说，讲自己认为太后爱子不若爱女之甚，继而在与太后的辩论中向其阐明：若真正爱幼子长安君，就应当让其入质齐国、为国立功。道理说明了，太后终于愉快地送子质齐了。此外，大家若翻《诗经》，就知道贯穿其中的"赋"、"比"、"兴"手法本身就是委婉；再看《春秋》，就了解孔子的删定诗书及所谓春秋笔法的初衷——也是在委婉地表达意见。类似的案例、做法实在太多。中国人的情感表达也不是很直白。譬如在中国，人们在公共场合见到情侣拥吻的概率就远小于在西方国家。中国人讲究喜怒不形于色，更愿意将丰富、炽烈的感情克制在内心，以致内心实际感受常与表面和肢体的表达不一致，甚至相反。这个不能简单以虚伪来判定——它有其内在、复杂的社会文化和心理机制的作用：一是中国人的思维更偏重感性的方面，在交往中更注重各方的感受、更重视同情的理解，这可谓是一种天然的更重主体间性的"行动的和感知的理性"。二是中国人的此种理性是尤其注重直接后果的理性，它要尽可能确保不打破一种特定的局面或曰"势"。这在中国人面对问题时反映得更为明显。中国人不相信问题能根本解决，但相信问题可以转换。但前提是，要确保不出现急转直下、无法控制的局面。如果这是一种关注直接后果（某种善）更甚于问题本质（某种真）的思维，那么它也就是所谓中国人国民性中功利实用一面过强的一个直接原因。三是中国人的此种理性使得自己在面对任何个体时都不大会将其视作纯粹的个体，而是视作其所在集团、群体的一分子。既然面对任何个体也就形同于面对其所属的集体，那么直白的意见和情感表达就很有可能是任性的表达，也很可能诱发潜在的失衡或破坏。这就又涉及中国人对个体与整体、自我与集体的看法了。

再看中西方人在生存方式和自我价值判断方面有什么不一样。同中国人相比，西方人更像是独居动物。尽管近代以后的工业化、现代化逐渐将西方人组织成为日趋紧密的共同体，但他们仍然顽强地保留了、传承了个体主义的生活方式和价值观。他们并不像中国人这样到哪儿都喜欢扎堆，而是比较注意保持人与人之间物理上和心理上的距离，就譬如北欧人的候车排队——即便阴雨天气，他们彼此也都要拉开足够长的间距，宁愿淋湿也不会一群人挤在公交车亭下躲雨。中国人呢？大多都比较害怕、忐忑的一件事恐怕就是落单了，人们到哪儿都喜欢扎堆、找个伴，以寻求一种归属感、安全感。这与中国人传统的农耕、种植业的生产生活方式密切相关。传统的生产生活方式使得个体在面对自然特别是面对灾祸时很有无力感，所以大家必须携起手来共同应对。这样的历史惯性铸就了中国人更依赖共同体的心理特征，也铸就了中国社会更加崇尚有利于共同体存续的基本价值导向。相关研究表明，在中国人的认知中，我除了包含个体自己以外，还包含关系密切的父母、朋友等，这与西方人的"self"（仅表示个体自身）完全不同。[①] 这也就是为什么中国人只有在集体当中、只有在家里面才能发现或找回自己的原因。既然个体是为共同体而存在的，那么，更多情况下他也就愿意压抑自我、成就大家。这在中国大众心理层面上的显现就是：人们难免有自我意识，但又会排斥"极端的自我"，而且大多数中国人至今还是会深度认同"夹着尾巴做人"、"低调做人"、"离开家国你什么都不是"等朴素理念。西方人不同，他们较早认定个体及其价值是至上的，生活领域中也将个体的位阶置于整体、国家和社会之前。这正如大江大河与其支流，中国人恐怕更多地相信大河水满小河涨，西方人则恐怕多会认定小河水涨大河满。这里要顺便指出，中国传统的社会理念还是一种基于农业生产的小共同体本位的东西，由其主导凝聚而来的社会团结更多地还是要倚靠外部强力的挤压和紧固。相比较而言，日耳曼人多元化生活方式自然倾向于、有利于商品生产和交换，也与西方社会不断抬升个体价值与地位的历史演进相切合，到了近代则是较早促成了基于"物的依赖"的市民社会

---

① 王沛、陈庆伟：《"我—家—国"三位一体：中国人的自我结构》，《中国社会科学报》2014 年 9 月 1 日。

共同体。此种社会学家涂尔干所谓的"有机团结"的共同体，同中国传统的基于"人的依附"的"机械团结"的共同体相比，还是有着根本性的不同。

二、文化相异，则政道分殊

因历史经历、文化发生而来的不同共同体的差异性，全面体现在社会生活的各个领域。这在政治生活领域也是如此：文化不一样，人们对于政治生活的理解，以及相关的经验和做法也就不一样。

（一）不同的逻辑起点及文化、政治本位

实际上，中西方传统文化在历史生成差异的同时，也形成基本逻辑起点上的差异。传统中国文化的基本逻辑起点在于"我们"，相形之下，传统西方文化的基本逻辑起点则在于"我"。以"我们"为起点，首先就表达了一种对于共同体的认同；以"我"为起点，突出强调的是对个体的人之所以为人的人格尊严与自然权利的尊重。此种差异体现在中西方传统文化生活的全部领域和全部层次，以至于往往到了"百姓日用而不知"的地步。譬如在群体性活动开始的问候，中国人脱口而出的是"大家好"——问候的是整体，西方人开口则是"各位好"、"女士们、先生们好"——他要问候到每一个人。我们应当怎样正确看待各种从不同逻辑起点上开始演绎而来的文化差异呢？当然不能够满足于甚至沉溺于一种非此即彼的态度，继而得出孰优孰劣的粗陋结论，而应当抱持一种亦此亦彼的态

度，致力于文化的交流融会和借鉴。国家、每个民族不分强弱、不分大小，其思想文化都应该得到承认和尊重。这样来看待不同的文化，那就有些接近我国魏晋时期思想家郭象所讲过的"自足其性"。所谓"自足其性"，就是指万事万物皆"块然而自生"、"掘然自得"①，都得是自己在自身所处的生态环境中产生和演化，都得也都只能"尽其性"、"做自己"——自己来面对自己的情境、发展和归宿。当然，"尽其性"、"做自己"不能解读为不同的事物各不相干、不同的共同体老死不相往来。我们这里要强调的是，既然各种文明都是在不同源头上、基于不同逻辑起点生发延展而来的，那么最好还是不要轻易、倨傲和武断地去否定异己的文明。具体体现在政治文化的比较中，就是要高度关注、自觉坚守中国传统的基于"我们"（共同体）的政治文化的特质，同时应同情理解、充分尊重西方传统的基于"我"（个体）尊严与权利的政治文化的特质。但要注意的是，当我们要引入、借鉴西方文明的某些要素时，还是得要自觉构建和坚守自己的标准，同时综合权衡这些要素相对于西方、中国两种政治逻辑的兼容性到底如何。概言之，从我们自己文化与文明的本位出发，成功适用于西方的东西未必就有益于中国，我们还是要区别对待，努力吸收其中带有人类文明共性的东西，根本避免削足适履、照抄照搬西方的东西——毕竟，中西方在政道问题上还是有着明显的差异的。

不同族群、共同体对世界看法的不一样，会导致它们对政治问

---

① 郭象：《庄子注》。

题、公共事务的想法和做法不一样。这是说，总会有不同的"政治生活的活法"——亦即不同的政治观念、政治文化。政治观念、政治文化不一样，人们习得的、设计出来的各种规矩也不一样，这就直接体现为政治的、制度的差异。其实，在政治观念和政治制度之间，总存在着行为、习惯和惯例等中间环节。政治生活中人们的观念总是批判现实的，总是要朝向建构一种比较理想的东西，这就是秩序。有了这个秩序，它就会影响到人的行为以至于形成大多数人的某种习惯。后者一旦为共同体确认，就会上升为集体行动的惯例，进而上升为法律和制度。这是一个由内而外的观念影响制度的过程。反过来，有了一定的制度，它必然会以其刚性的外部作用力，反过来依次通过惯例、习惯和行为的环节，来深刻影响政治观念或者政治秩序的维系或重塑。对不同族群、共同体来说，此种循环往复、螺旋上升的政治文化，特别是政治制度演进的内在逻辑与历史过程，一般具有内在的传承性和稳定性，也必然都有其各自的历史和文明的根性。一般来说，除非发生了广泛、深刻的社会革命，此种历史和文明根性不会有内生骤变、改弦更张的可能。即便发生过革命，在政治生活的不少方面特别是在革命所未及的领域、方面，人们往往也不得不尊重历史和传统，"用旧制度的瓦砾来建筑新制度的大厦"。① 就这样，在不同的文明系统、政治共同体中，尽管由秩序而制度，又由制度而秩序的作用机理是相似的，但因为大家在类似问题上和相同领域中看法、想法和做法的差异，最后积

---

① ［法］托克维尔：《旧制度与大革命》，冯棠译，商务印书馆 1992 年版，"前言"第29 页。

淀而来的政道、政制也就自然不同。

（二）"政通人和"与"我群权界"：不同的政治逻辑

中西方不同的政治文化怎样塑造了不同的政道与制度传统？整体来看，中西方政治文化的基本差异，就在于"政通人和"与"我群权界"（权利界分），中国、西方政道与制度传统的差异大致可以归结于此。中国古籍中政、治二字很少直接关联在一起，《尚书》中偶有一句"道洽政治，泽润生民"①，较早出现了"政治"字样。到近代，日本人在译介西方典籍时，较早将"polis"、"politics"翻译成政治，继而使之成为现代汉语中很重要的一个词汇。在古代中国，政治即"为政"。孔子讲"政者正也"②，那么这个"正"是什么意思？《说文解字》讲："正，从止，一以止……文正从一足。足者亦止也。"③ 正字上面的一横"一"是道、天道，意思接近于我们今天所讲的道路、规范，下面的"止"是人的脚，所以"正"大约就是拿脚走路——"为政"大致也就是要老百姓走对的路。如果有人不听教化、不走对的路怎么办？那就用暴力对待他——政的右边还有一个"攴"（音 pu）字，意即手里拿个棍（鞭）子来击打、敲扑。这么来看，古代中国政治本就是讲文武之道的，而所谓"半部论语治天下"亦非只谓儒道之高明，它还有儒道"只能用一半"之意——法家的手法也不可少。这样的解读非是笔者杜撰，它还是有

---

① 《尚书·毕命》。

② 《论语·颜渊》。

③ 《说文解字》（卷三·攴部·正）。

历史依据的。譬如汉宣帝就曾这样严厉训诫其子元帝："汉家自有制度，本以霸王道杂之，奈何纯任德教，用周政乎？"[①] 宣帝所以会这样来训诫，在于元帝长于宫人之手且"柔仁好儒"，与儒生过从甚密。元帝见宣帝"所用多文法吏，以刑名绳下"，就建言说其父"持刑太深，宜用儒生"，结果使宣帝勃然大怒，并担心汉家天下会毁在自己儿子手里。[②] 宣帝的"霸王道杂之"，其实就是中国史上薪火相传的帝王心法。它影响之深远，也使中国人对近代政治范畴的把握一开始就很不同于西方人。再看"通"字。通者达也[③]，其意是指要达成全面控制的目的，在古代政治中就是要"通三统"——古代是"天统"、"地统"、"人统"的大一统，现代有人讲是血统、道统和法统的大一统，两种说法在观念构造、思想内核上还是相近的。人，古通民。中国古人所谓的人基本不是指作为个体的人，而是指作为整体的、群体的民，这个民既是天民，也是皇帝的子民，是指归属于或被纳入中华价值系统与文化生活当中的不同部落或族群，它们彼此间有差异，但又因要共同面对天灾人祸的关系、因相同的文治王化和共同的政治生活的关系而浑然一体。和，是一种理想，一种想象中一体多元、和而不同和天下为公的共和诉求。因为古代政治生活总是天下为家的关系，它在现实中通常是由高度中央行政集权控制的大一统来诠释的。把极具象征性、标志性的这四个字合起来就是：唯有政通才能人和、唯有人和才可政通。

---

① 《汉书·元帝纪》。
② 《汉书·元帝纪》。
③ 《说文解字》（卷二·辵部·通）。

作为中国政治和制度原点的"我们",指的是家国、天下,更多情况下指的还是家与国。中国政治基本是感性的,因为人们认同"家是最小的国"、"国是更大的家"。所以中国人一提起家国,内心马上就会有很强烈的情感在涌动。这里所讲的家,不是今天所谓的现代核心家庭,而是指自原始氏族以降即传承下来的有相同祖先的氏族、宗族。家在古代靠着温情、天然的血缘关系来维系,凭着建构的、严密的宗法体系来管理,能在很大程度上生产和确保温良平和的社会和政治秩序。由于传统中国政治建构的起点、政治制度的基因在于"我们"、在于"家",中国人的社会交往也一直倾向于将非血亲的关系转换为血亲、类血亲关系。譬如汉初皇帝打匈奴不过,刘邦因此一度被困白登山,便将宗室女嫁给匈奴单于为阏氏,相约为兄弟或翁婿、甥舅关系。这样一来,匈奴人再狠也不得不有所考虑和顾忌了。这就体现了中国人政治传统建构的内在机理。循着这样的机理,中国人把家的关系推及到国,甚至扩展、推及到天人关系及天下万物,继而又将其当成亘古不变的天道、视作道德人伦和政道治道的依据。宋代大儒张载讲:"民吾同胞,物吾与也。"[①]就是说,世界上一切人都同自己是同胞兄弟,甚至一草一木、一兽一石也都与自己有着某种亲缘关系。这固然是较早的博爱的人文主义的声音,但也直接反映了中国人对家国天下秩序的认知。比照传统的看法,在家里面大家共享一切,所有成员相互间就都负有无限的责任。同时,要保护家庭、要使家庭更安全和幸福,家长无疑要

---

① 张载:《西铭》。

负最大的责任。那么，这就有必要默认家长有最大的权力。否则，他就不可能很好地负起责任。当然，最大的权力也并非没有界限。儒家一再强调"乱命不从"，也曾不懈地企图以所谓天命、天谴及道统传承等形式，来牵制这个权力。总之是形成了有中国文化本位特色的首先是基于共同体、适用于共同体整体的权力—责任逻辑。因为这一逻辑，中国人擅长把一切非血缘的关系转换成类血缘关系；依托这一逻辑，中国人建构了自己感性、温情的政治和制度。在此种逻辑的主导下，传统中国政治以及相关制度建构始终在走家国天下、修齐治平的路线，相关的理论和实践也都因不断地强调、强化整体主义的——"家"本位和家国—天下秩序，而呈现出偏重中央集权、偏重政治权威的东方社会特色。

西方的情形则正好相反。早期日耳曼人的社会生态、历史背景共同决定了传统西方政治文化"我群权界"的基本特色。"我"是什么？关键不在于我的肉身，而在于我的财产和权利。在西方人一贯的认知中，正常的人应是有财产、有权利的，应是作为公民而存在的。一个人没有财产和权利，那么他不是野兽便是神祇，又或者是奴隶。奴隶不是被当作人而是被当成野兽来看待、对待的。由于失去财产、权利的"我"会被当成野兽猎杀和宰割，所以他就不像厕身"我们"的中国人那样能感受到脉脉的温情，而是更多领会到存在的孤独。"我"是被抛入这个世界中的，要想活下去就得加入某个"群"、加入社会，就得倚赖群体、共同体的力量。但是，西方人对于"群"、社会的态度又是很矛盾的：一方面，个体及其自由确实离不开它；另一方面，个体又因受它束缚或压迫而不得不付出代价。那么"我"在"群"中如何自处、怎样才能更舒适？那就要把"我"与"群"、与群里面"他者"之间的财产和权力关系都区分明白，把什么是你的、什么是我的、什么是大家的等问题界定清楚。怎样做到这一点？订约。西方人习惯于什么事都订一个约、跟谁都订一个约：人与人之间会订立合同，人与国家之间订立律法，人与上帝也订立过新约、旧约。那么这些约怎样才能有效？一是它们都载明毁约的罚则，如不履行民事合同就要罚金，不守法就要蹲监狱，背弃上帝就要入地狱等。罚则由谁来实施、执行？国家。在西方人看来，国家就是契约的第三方执行者。① 如此，同感性的中国政治相比较，以"我"为逻辑起点、"我群界分"的西方政道与政制更多的是（围绕财产和权利的）冷峻计算、利益交换、力量博弈。计算、交换和博弈必然附带着对他人的不信任，那就有必要彼此区隔、处处提防，人与人、人与国家莫不如此。在西方，老百姓必须警惕和有力量来限制他人、限制国家，以免自己白白付出代价却没有收获，又或者防止自己的权利被他人或国家抢走、偷跑。

这就形成了西方政治中权利—义务的逻辑——一种一切都从个体、从个体及其权利出发的政治逻辑。权利本位、以我为基点展开的国家—世界秩序图景决定了西方政治的特质。西方社会整体上所偏向的，特别是其近代以来的政治文化中最推重的，基本上是一种原子主义、个体主义的东西，是一种以个体及其权利为起点建构起来的权利界分的文化，他们走出了一条自我—国家—世界的契约政

---

① ［美］约拉姆·巴泽尔：《国家理论——经济权利、法律权利与国家范围》，钱勇、曾咏梅译，上海财经大学出版社 2006 年版，第 30—44 页。

治的路线，理论、实践上奉行的则是权利—义务逻辑，讲求有什么样的权利就得负担什么样的义务，不可以只享权利、不尽义务；反之，也不应当只尽义务而没有权利。在西方，出于对个体兼具兽性与神性的考虑，特别是出于对人性之恶以及霍布斯所谓"每个人对每个人的战争状态"①的恐惧和防范，权利与权利、权利与权力、权力与权力的关系都要依托附带罚则的契约来予以规范和调整。当然，作为契约的"第三方执行者"，国家本身也是必要的和"以恶止恶"的"恶"，也是不被信任的。所以，又要有法治、宪政等所谓"LASH ON"（拴住、牵制住）的政治努力、政制设计。西方文明中人性为恶，政治也是性恶的产物。希腊神话讲，政治是神为避免人因自身之恶招致灭种而赐予人的艺术。旧约也讲政治的起因是犹太人为恶而不知悔改，他们向上帝祈求给他们一个王，而上帝也就怒气冲冲地给了他们王。这是说，王、政治实际上都是人类背弃上帝、毁弃契约的恶果。在中国传统文明中，人性基本上被认作是善的或者是向善的，政治也更多的是倾向如何臻于至善的伦理教化。欲求至善，伦理政治的基础就是共同体的安全福祉。中国人倾向于向家庭、向国家寻求安全与福祉，家长、国家于是成了安危系之、祸福系之的主体，成了整体的安全的象征，保护的责任的主体。在中国，无差异的个体在面对外部威胁时总是无能为力、命运悲惨，所以要寻求保护、投身整体。司马迁就讲："人穷则反本，故

---

① ［英］霍布斯：《利维坦》，黎思复、黎廷弼译，商务印书馆1985年版，第92—97页。

知·识·链·接

《圣经》记载以色列人常悖逆神的心意，在神一次次救赎他们之后仍背弃神而追随假神、偶像，且一再要求立王。他们先是让先知撒母耳给他们立王，撒母耳警告说这不符合神的意旨，但他们仍执意如此。上帝对撒母耳说，他们不是厌弃你而是厌弃我。于是就满足以色列人的心愿，先后立扫罗、大卫为王——以色列人的王总让上帝觉得不合心意，甚至因触怒、背叛上帝而被废。其实，上帝真实的想法是，自己本来就是以色列人的王、也只有自己才能是以色列人的王。

劳苦倦极，未尝不呼天也；疾痛惨怛，未尝不呼父母也。"[1] 正是在这样的感性政治生态及其逻辑的熏陶中，久而久之，中国人在政治上也就非常习惯于从整体来定义自我、个人以及家—国—天下了。

三、政道分殊，则政制有别

整体来看，历史的、客观的制度选择总是基于不同的文化，而能动的、主观的制度选择则因此而不能忽视文化与文明根性的差异。历史长河中西方制度的成功，在于它根本立足于西方社会、传承了西方文化传统。相应地，中国制度的成功，也必定是因其立足

---

① 司马迁：《史记·屈原贾生列传》。

于中华民族自己的传统和生活。具体到现代政治制度的建构或选择，它绝非可以随性恣意的东西，而总是要受制于、取决于不同的历史理性和文明本根——正是它们生成了不同的政道或曰不同的秩序原则、不同的政治基因图谱。

在西方，因为权利—义务逻辑在政治生活中居于主导地位，大多数的人们会笃信如下的秩序理念、政制原则，这些理念、原则基本上也都是自由主义的教条：（1）欲保障权利，就必须限制权力。在西方人看来，国家及其权力是一种恶，尽管本质上可能成为人民手中很好的工具和手段，但由于可以组织化、集约化使用暴力的关系，它总是要比一个个的公民强大得多。而且，国家机关及其公务人员也都可能有自致的利益倾向，同时又程度不等地掌握着自由裁量权、合法伤害权、强制增加公众或个体成本的权力，所以往往成为最可能侵犯公民权利的政治主体，也可能是为祸最巨的政治主体。西方人深信，权力必然倾向于腐败、绝对权力必然倾向于绝对腐败，更相信一切有权力的人都可能滥用权力——直到它遇到一个边界为止。这个边界就是另外一种权力。（2）欲限制权力，则必须分权制衡。西方古典的政治曾经比较重视政治权威，思想家们也设想通过混合的政体、组合的权力来强化政权力量。但自启蒙思想家以降，人们的想法却发生了根本的转变。所以要选择分权，就是为了在拆分权力的基础上实现权力与权力、权利与权力的均衡——以支撑公众及其权利相对于公权力的均势或优势，避免强大的中央集权最终走向暴政。（3）怎样把权力分开？这就要分立政府：一是把不同性质的权力分别交给不同的国家机关来行使，譬如将立法权给议会、把行政权给政府、把司法权给法院；二是把相同、相近属性的权力也分别交给不同的政治机关、主体，譬如把立法权交给上院、下院（两院中的多数或会分属不同的政党）来分掌，把司法权分给不同的法院、司法机构来分掌；三是以地方自治、公民自治组织来分割或节制公共权力，譬如联邦制下所有公权力纵向上都有联邦—地方的分权、联邦与地方在法律地位上平等，以及特定民间组织、行业组织也可能获得某种公共权力等。

上述在西方社会中被视作理所当然且已经到了"百姓日用而不知"的地步，但在中国人看来却显然是另一番景象。中国人以中华政道，以自己的政治眼光、政治逻辑来看，基于个体本位的权利—义务关系本身不是不可以理解，但对其秩序构建、制度展开却还是难以接受的。中国人、中国政治家们在情感上并不能接受国家与社会之间有对抗性关系的存在，人们也总是要努力地去协调它们，实现两者良性的合作与统一。正是基于这些不一样的看法或顾虑，中国人当然不会照抄照搬西方式的政治制度，而是要独立自主地建构和发展、完善属于自己且适合自己的政治制度。

我们认为，从其源头起，任何政治制度及其所内涵的政治逻辑都会自发地不断形成、强化一种发展的趋向或路径的依赖，它们客观上又会自然地倾向于极致化，从而使制度隐含的许多问题渐趋表面化。到这个时候，人们主观能动的反思和选择就非常必要了——就仿佛疾驶的列车有可能会脱轨，车厢内的乘客是觉察不到的，但车上的驾驶员、瞭望员又或者铁路边上的人们还是都能看得到并相应采取措施的。这正是不同视角、不同看法相对于相同或不同制度或不同文明发展的真正价值所在，也正是比较政治考察的价值所在。当然，其前提就在于，人们首先都能充分地体认到：历史不同则文化相异，文化相异则政道分殊，政道分殊则政制有别。概言之，这个世界上有不同政治制度/政治文化的存在，这是天然合理的事情；这些制度/文化之间彼此砥砺和镜鉴、相互交流和融会，也是理所当然的事情。

四、现代政制都有其不同的缘起

政党制度首先是一种现代制度、一种关于政党政治和民主政治的现代政制。尽管与现代民主、政党政治相关的制度都是现代社会、现代文明的结晶，但这并不意味着它们就与其所在社会中的历史文化根本绝缘、毫无关系。恰恰相反，所有的政党政治、民主政治及其相关制度安排都有其难以磨灭的文化与文明根性。或者我们也可以说，现代政制在任何国家和地区中的建构和运转，同时也都是出于该地区特定文化与文明形态的历史选择——是某种文化与文明的精神（在其现代传承与转换的过程中）选择了特定的政治制度。反过来，某种政治制度也同样在现代社会和政治生活中体现着特定文化与文明的精神。

（一）不同民族里现代化的际遇不同

不同人民—共同体发展的经历不同，他们步入现代化时的历史阶段和起点不同，他们开启或推进现代化的路径、方式和节奏不同，以致其现代国家生成、演进的逻辑也都不同。那么到今天，他们彼此间当然就会有不同的政治生活方式、不同的现代政制类型。譬如中国和日本，两者曾经有较深的历史和文化渊源，但两者却有各自不同的现代化的选择和结果。

中国文化是有纵深、有腹地的大陆文化。日本文明生发的先天条件则相对弱一些，是一种相对晚近的岛国文化。历史上日本曾深受中华文化影响，中国的儒家思想及典章政制也都曾被日本人复写、吸收和改造成为自己的东西。从其文明开化时的接受汉人启蒙，到后来文化自觉的"和魂汉才"，以至一度号称"小中华"而自成一系。日本学习中国是获益匪浅的。然而近代以来，情况有了根本的变化，日本人换了师傅、反超了中国，而且较早跻身于现代国家之列。中日两国起初几乎是同时期遭遇到西方来自海上的入侵，也是同时期开始思考如何摆脱国内外种种挑战和危机的，但此后两国社会生活特别是政治生活中的反应及其结果却是不可同日而语。一个明显的分水岭是：日本19世纪60年代的明治维新成功了，很快就顺风顺水地驶入了现代化的快车道；中国1895年的百日维新却失败了，此前此后整个国家都在保守与革命的对决中飘摇，真正全面、彻底地开启现代化进程则是推迟到了1949年之后。为什么？从文明根性上讲，中国不是西方，且也不像日本那样容易被西化。中日两国现代化的历史起点毕竟不同，这是其一。中日两国现代化的社会基础也不一样，这是其二。我们来看一本能改变国运的书在中日两国的不同际遇。1853年美国海军侵入的"黑船事件"，往往被视作日本面对外部威胁的开始，也是后来明治维新的直接诱因。但其实早在 18 世纪中期，不少日本人就已开始痴迷于传教士带来的所谓"兰学"（荷兰人传进日本的西方之学）、开始积极向西方学习了。在中国，魏源 1842 年就编写完成了《海国图志》，他在该书序言中曾踌躇满志地讲："是书何以作？曰：为以夷攻夷而作，为以夷款夷而作，为师夷长技以制夷而作。"但事与愿违，《海国图志》在清朝政界、学界却没产生多大影响，简直如泥牛入海，更遑论能与政治运动相结合了。到 1851 年，《海国图志》偶然被中国商船首次夹带入日本并遭查扣，短短几年内就在日本引起轰动，一时间洛阳纸贵，甚至开启了一个"《海国图志》时代"，深刻影响了幕府后期日本的政治学说，先后诱发和促进了日本思想的、政治的革命。综上，为什么日本人的精神世界会出现如此迅速、明显的变化，而中国人却不能？为什么日本的现代化进程至少要比中国早上个八九十年？近代以来两国的历史际遇又为什么会有如此的不同？

（二）现代政制的产生取决于社会基础、文明根本

前述不同的原因即在于社会基础、在于文明根本。日本虽曾长期师法中国，但其基本经济社会结构却长期维持了封建制，日本的封建更接近于西方意义上（讲求权利与义务相对称、对待）的封建。相形之下，日本文化也基于"家"，但这个"家"并不重视中国权力—责任伦理的"孝"，而是更推崇体现权利—义务责任的"忠"。日本人也不看重中国式"家国一体"，而是更推崇本土的"万世一系"。正因其如此，明治维新后人们对藩阀大名的效忠才会很自然地就转向了天皇、国家。近代中国就不会有这样的事。在中

国，与西方、日本相近的封建不是没有过，但在秦汉以后就已逐渐淡出历史了。大约是看到了这一点，马克思本人并未说过古代中国社会是封建社会，他只是将其同古印度社会一般视为东方社会、亚细亚社会。马克思指出，在亚细亚的（至少是占优势的）形式中，不存在个人所有，只有个人占有。①（村社）共同体是实体，而个人则只不过是实体的附属物，或者是实体的纯粹天然的组成部分。②各个公社相互之间这种完全隔绝的状态，在全国造成虽然相同但绝非共同的利益，这就是东方专制制度的自然基础。③

东方社会中，居民对王国的崩溃和分裂毫不关心；只要其村社、小共同体能够完整无损，他们并不在乎自己受哪个国家或君主统治——因其内部的经济生活总是不变的。在中国，这样一种超稳定的社会结构历经千年治乱循环而不移，到了近代终于糜烂不堪。当西方侵略者挟其坚船利炮打进国门，当侵略者在自己的国家同皇帝指挥的某支军队交战时，多数国民、未参战的地方或其他军队往往都是无动于衷、作壁上观的，更有甚者还会给侵略者做"带路党"、"运输队"——大多数老百姓并不认为皇帝、国家跟自己有什么瓜葛，有人甚至会对洋人教训一下欺压自己的官家充满期待。同样，专制的皇帝也向来都把臣民视作自己的奴才，从不允许他们觊觎紧握在自己手中的权力、利益。大家都晓得近代中国有过这样一个怪圈——官怕洋人、洋人怕民、民怕官——东方专制使然。正如

① 《马克思恩格斯全集》第46卷上，人民出版社1979年版，第481页。
② 《马克思恩格斯全集》第46卷上，人民出版社1979年版，第474页。
③ 《马克思恩格斯全集》第18卷，人民出版社1964年版，第618页。

近代西方的现代化最终得要打破封建专制桎梏一样，近代中国的现代化和救亡图存最终也必须打碎东方专制的枷锁。近代中国同近代西方一样，都得解构和重构社会、建构新型的政权。旧社会、旧政权不会自己退出历史舞台，近代中西方也分别发生了推翻专制王权、帝制的资产阶级革命，也因而相继出现了以政党政治、政党政府取代专制政权的民主或共和政治尝试。概言之，在中国、在西方，近代政治的转向以及政党政治的出现，皆因为发生了空前深刻的社会、政治矛盾，以致旧的政体及其运作模式终于都无以为继了。但中国毕竟不是西方。中国自己的文化、国情决定了中国革命是先遂行政治革命，继而推进社会革命，并在此基础上进行更深层次、更新内容的政治和社会建设，这就不同于西方的情形：先有了经济社会的变革，而后有政治革命以及民主政体的确立。中国自己的文化和国情也决定了政党、政党政治到中国，它所要首先面对的政治任务就不是西方式的代议选举、议会斗争，而是本土化的社会革命和国家建设。

综上，就现代政制而言，因不同的活法而凝成的不同的"法的精神"、"制度灵魂"总是抹不掉、绕不开的，它们从根本上决定了一国、一民族会走怎样的政治发展道路，也决定了它们最终会确立起怎样的现代民主。在我们看来，文化及其传承就仿佛人体的基因，内在地决定了民主政治（政党政治）的走向，以及政党制度的基本格局、基本特质；文化与传承又像是人的皮肤——人的血肉筋骨是不可能从自己的皮肤当中跳脱出来的，它们也直接地规定了民主政治（政党政治）的基本内容和基本形式。

第三章　中国新型政党制度的由来

　　政党并非是原产于中国的东西。在中国，它起初是一个舶来品。1905 年 8 月，孙中山先生在东京组建了中国第一个近代政党——同盟会，自此揭开了中国政党、中国政党制度生发和演进的序幕。中国民主革命的先驱们为何要从西方借来政党？是要用它来组织社会、动员人民、推动革命。在清除旧秩序、构建新社会的历史进程中，中国开始逐渐植入现代基因，政党也完成了自身中国化的再造。在这一进程中，中国大致先后经历了三次政党政治、形成了三种类型的政党制度，最终落定为现当代中国的新型政党制度——中国共产党领导的多党合作和政治协商制度。在这一制度框架中，相关活动的政治主体，主要是中国共产党和各个民主党派，基本上都是在本土生成或组建的现代的、中国的政党，都矢志维护中国国家、中国人民的利益，致力于中国的现代化和中华民族的伟大复兴。中国共产党领导的多党合作和政治协商制度作为我国一项基本政治制度，是中国共产党、中国人民和各民主党派、无党派人士的伟大政治创造，是从中国土壤中生长出来的新型政党制度。

一、舶来的政党及相关经验启示

传统中国社会并无自发孕育现代政党、政党政治的土壤，在长期东方专制的政治生活中，中国所能产生的只有帮派、私党和会党。及至晚清，随着帝国主义的侵入，以及国内外贸易与商品生产的交互作用不断扩大，资本主义在中国有所发展，中国的民族资产阶级力量也因而有所成长和壮大。但即便如此，也还未能够发展到这样的地步——可以完全主导经济与社会，继而能够确立和支撑起西方式发达的资产阶级民主政治、政党政治。关于中国近代政治发展的方向，相对柔弱的中国资产阶级内部起初是有不同意见的，但在戊戌变法失败后特别是在甲午战争失败后，资产阶级革命派逐渐占得上风。一部分资产阶级知识分子率先组织起革命政党，从而第一次将政党引入中国人的政治生活当中。对于中国革命的深刻和复杂程度，以及中国政党引领中国革命历史使命的艰巨程度，中国民族资产阶级一开始是缺乏足够准备的，当然也就心存着革命将"毕其功于一役"及"革命军起革命党消"的幻想，心存着迅速完成革命后马上可以像西方政党那样操作议会民主的念想。也就是说，中国早期资产阶级民主革命的先驱们不仅事实上从西方搬来了、借来了政党和政党政治，而且也希望能在中国移植成功西式的政治制度。然而历史的实践、文明的抉择往往会打碎一切简单的臆想和单纯的梦想：正如阳光在不同的介质中可能会发生折射、散射和漫射一样，原产于西方的政党、政党政治到了中国首先就遭遇到变化了的社会和政治生态，以及由此而来的种种的不适。

致公党的情况比较特殊。致公党起先是基于海外洪门组织而成立的华侨的党，为争取国家独立、民族解放和维护华侨正当权益而奋斗，在世界反法西斯战争特别是抗日卫国斗争中做出了突出贡献。1947年致公党三大后完成自身改组、走上接受中国共产党的领导和新民主主义革命的道路，并参加了1949年的协商建政。此后根据形势发展需要，该党将其组织与活动由海外转到了国内。所以，致公党虽是成立于海外，但同样是植根于中国的现代政党。

（一）西方政党、政党制度孕生的历史逻辑

中国曾经要"进口"的政党制度到底是怎样的呢？它又是从何而来的呢？这是我们首先有必要来捋清楚的问题。西方社会、历史及传统是孕育西方政党制度的母体，近代西方政党、政党制度是西方政治文明之树上自然结出的果实。西方政党制度的形成及其特质、作用，与西方社会生活特有的矛盾和要求根本相关，与西方国家生成、运转的特质和需要直接相关。基于权利—义务的逻辑，西方政治国家演进的基本路向就是大共同体不断分裂为小共同体、大的国家不断裂解为一个个小的民族国家。这是一种不断分化的过程，它就如同核裂变一样为日耳曼人政治文明、政治国家的演进不断提供着动能。日耳曼人进入文明时代的时间节点与其开始在欧洲进行大范围的劫掠、大面积的征服大致相近。蛮族征服者在被征服的土地上建政后，有选择地融会了少部分被征服者如古希腊古罗马故地的政治文明遗产。在先后皈依基督教之后，他们也同教会发生了种种特殊关系。在诸多文化、政治因素的作用下，具有日耳曼文明特色的欧洲封建社会生成了。此种封建社会中，国王与臣民及教会之间的相互关系，以及它们各自内部的基本关系，基本都以权利—义务为主轴。这样的权利与义务对称或互为条件的关系，以及此种关系所仰赖的多元化生活方式，注定了资本主义商品经济必然会自发成长，并先天具有比较广阔的发展空间。

至西方封建的中后期，随着市场经济成为社会生活的主导力量，依托暴力的战争，以及依托阴谋的斗争，都逐渐让位于依托规则的竞争。资产阶级在经济生活中获取利益，就要寻求保护自己的利益，于是就有了权利要求、有了参政意识。恰在此时，在资产阶级（出于建构统一市场的目的而来的）早期的支持下，欧洲王权专制也变得越发强大和蛮横起来。专制君主抗拒资产阶级这样的参政、问政要求，终于站在了这个阶级的对立面上，于是就有了资产阶级革命，有了确立资产阶级民主的政治和国家。资产阶级多痛恨、惶恐于任何形式的专制，因此续写了日耳曼政治传统中固有的诸如氏族（军事）大会—贤人会议—议会的谱系，强化议会在政治体系中的权力和地位，最终确立起共和制或君主立宪的政体以及近代民主和代议政治的权威。这就为近代政党、政党政治的产生准备了现实的政制基础。西方政党最初是怎么来的？个中的道理其实也很简单：代议制实际上是一种权利委托—代理的体制机制，是由议会或其他民选的主体来掌权的民主政制。有委托—代理，就有"代理风险"或"道德风险"的问题。这就需要创造这么一种体制机制，它存在于议会中也存在于政府中，但最终还是要立足于公众和社会——它要代表人民在议会中、在政府中管好议员们或官员们。这就是最早的、初始意义上的政党。

（二）早期西方政党、政党制度的产生：以英国为例

我们来看一个政党生成的具体案例。英国算是最早出现政党政治现象的国家之一了。英国政党最终取得其现代形式大致是在1832年的议会改革之后，在此前它们还是有很长一段由派系脱茧而出的转变、过渡的时期，这也是英国人常将自己的政党政治史追溯到17世纪资产阶级革命时期（甚至更早的亨利八世时期）的一方面原因。英国人暴力革命的结果，是于1649年砍掉了查理一世的头。此后，英国经历了一段短暂的共和时期，由克伦威尔的护国主政府统治。克伦威尔去世后护国主政府倒台，查理二世复辟成功。查理二世没有自己生养的男性且合法的继承人，于是乎希望自己的胞弟詹姆士二世接班。但詹姆士二世要继位却面临一个很大的障碍——他是个此前已经公开皈依了天主教的信徒，而英国政治自亨利八世之后则早已形成了国王必须是国教信徒（因其须兼任国教圣公会的首领）的传统。于是，主要围绕詹姆士能否继位，英国宫廷上下出现了广泛且严重的政治分歧和派系斗争——这大抵就是英

国早期政党政治的源头了。詹姆士二世实际的继位过程倒还算顺风顺水，但他与（新教）议会的关系却始终融洽不起来。议会以及英国政坛无论是保王的、还是反王的势力，大多还是将詹姆士二世当国王视作某种例外，而国王的宗教政策、强势专制也已让他们都感到非常压抑。此间聊以慰藉的是，詹姆士二世也和其兄一样没有自己生养的男性且合法的继承人。大家都希望詹姆士早点死，他死了大家就可以另立新教徒国王、恢复到正轨。然而 1688 年 6 月，正当国王咄咄逼人迫使圣公会接受其所谓"信教自由宣言"、他同包括议会在内英国各方面政治力量关系剑拔弩张之际，王后终于为他生下了儿子。詹姆士这样的天主教徒其子仍将是天主教徒。于是两派政治力量终于按捺不住失望、焦虑，很快就同对英国王位感兴趣的、时为荷兰执政的威廉（其妻为詹姆士二世的女儿玛丽）内外勾连起来，发动了一场政变、一场不流血的"革命"——"光荣革命"。在两派领袖的邀请下，1688 年 11 月，从荷兰引军而至的威廉夫妇双双成为国王、女王。随即，两派力量又联手通过《权利法案》，再加上后来威廉去世前签署的《王位继承法》，英国政治"王在议会、王在法下"的传统以及主权在议会的原则根本确立，王权受到实质性约束，国王统而不治的君主立宪体制以及英国两派、两党轮流执政的政治惯例也因而逐渐形成。英国早期政党的萌芽大抵就是如此。当然，英国政党完全褪去派系气息则是 1832 年议会改革以后了。当时由于形势严峻而不得不推出的改革，迫使托利、辉格两派逐渐从宫廷斗争转向代理民意，转向公开向大众寻求政治支持。

知·识·链·接

16世纪，英王亨利八世因不满教皇不准他和妻子离婚，愤而使英国教会脱离罗马教会，形成英国国教——圣公会（后来的新教安立甘宗）。国教由国王自任最高首领，但习惯上又尊坎特伯雷大主教为名义的领袖。亨利八世之所以要与其第一任王后、亦曾是其嫂的西班牙公主阿拉贡的凯瑟琳离婚的原因之一，是因其没能生养男性继承人，以致英国王位就有可能作为女性继承人的嫁妆而落入当时与亨利敌对的法国王室手中。亨利八世的宗教改革也曾导致当时政坛出现明显的派系斗争，也有一些英国人愿意把英国政党的源头追溯到这个年代。

（三）西方政党制度的历史进步性与消极面

在近代西方，与英国民主政治、政党政治相近或相似的历史生成逻辑常常被复写，只不过每一次（每个国家）都是在以自己相对独特的脚本、剧情来另做一番具体演绎罢了。概言之，西方政党、政党制度的生成，实际上是一种"政权造党"、"政党内生"的模式。这样一种模式创生出来之后，发轫于英美的西方政党政治、政党制度很快遍布欧洲。随着殖民主义在世界范围内的不断扩张，它的影响也逐渐遍及全球。在西方，此种模式的政党政治、政党制度首先满足了近代西方社会生活的现实需要，它使得资产阶级民主得以切实运转起来，为其能抵御此前各种专制对人类文明进步（特别是对社会创新活力）的摧残做出了贡献，也使之一度成为极具历史进步意义的东西。西方模式的政党政治、政党制度较为突出的几方面进步性体现在：（1）它既反君主专制、最早探索如何将权力装进笼子里，又防多数暴政、警惕并能在相当大的程度上免于重蹈古典民主民粹政治或暴民政治的覆辙。（2）它通过在国家和社会之间构建一种富于弹性的联系和缓冲机制，来尝试实现这一目的。同时，它尝试在精英与大众之间开辟出一个相对广阔且舒适的缓冲区，希望能够比较有效地缓解双方长期和大规模、高烈度的政治冲突与对抗。（3）它空前重视政治共识的地位和作用。因其自身的构建和运转首

知·识·链·接

17世纪末到18世纪中期，随着工业革命深入发展，英国工商业资产阶级的力量渐渐壮大。他们的经济实力迅速增长，但缺乏与之相适应的政治权利。多数议席分布在大地主的领地上，而人口密集、资产阶级聚集的新兴工商业城市则少有甚至没有议席。不仅资产阶级不满意，工人们也不满意——他们也希望改革选制、影响政府来改善生存条件。在不改革就会发生革命的情况下，辉格党格雷政府提出议会改革法案，重新分配议席、降低选举资格门槛限制，以和平方式削弱了贵族保守势力，使工业资产阶级得以分享更多的权利、跻身统治阶级的行列，同时在客观上强化了选举政治的开放性、公共性。

先是建立在共同体内部各方面主体（对于相关规则）普遍认同（或至少是不反对）的基础上的，它也就具备了更多的正当性、权威性，能一定程度上产生有效的内外约束，引导政治走向斗而不裂、斗而不破，也使共同体不致因为无底线、不妥协的斗争加剧而解体。（4）由政党来依托最新的民意去组织和管理政府，再加之选举常态化、周期性的举行，胜者必不能恒胜故而不致过于骄横、败者总有翻盘机会因而也不致殊死抗争，这就使胜者妥协、败者同意成为可能，使得"说服的政治"有可能取代"压服的政治"。

但它也有其相对消极的一面。基于马克思主义唯物史观，我们认为，由于资产阶级革命所确立起来的西方民主政权根本上仍是一种剥削阶级主导和控制的类型，因此它也就不可能真正致力于人民的、大众的自由和民主权利，因而也就只能体现为、停留在形式民主或程序民主的表层。相应地，作为与此类民主、此种政权相适应的西方政党及政党政治，在实质上就是，在实践中也只能是一种关于权利委托—代理的工具和手段。在西方，"委托—代理"的代议制为少数精英、资产阶级利用民意和操控政治提供了隐蔽广阔的空间，提供了靓丽的包装。即便如此仔细装点，它还是难掩其明显的或固有的弊病：譬如金权政治，资本与权力的勾结甚至每每从幕后走向前台；又譬如旋转门政治，政商圈内的掮客或精英们公然可以在公共部门和私人部门之间惬意地穿梭，交叉往复地为各种大小利益集团谋取利益；再就是同封建世袭相近的"准政治世袭"——即便在自称最民主的美国也是一再冒出各种政治世家如罗斯福家族、布什家族等；在日本，门阀派系、政治世家们甚至可以将所控制政治资源特别是政治拥趸力量像家族财产一样"代复代兮"地传下去。这些都表明，西方自由民主政治及其所匹配的政党政治、政党制度终究是特定时代的产物，资产阶级革命赋予它的生命基因，从根本上决定了其历史的、时代的地位和作用，它是有限的——既非空间上能够普世，亦非时间上能够恒久。

（四）相关历史的和政治的启示

中国人很早就意识到了这一点。将政党、政党政治引入中国并以之引领社会和国家的重建，且要仰赖它作为中国近现代化的政治头脑，这当然是必要的、切实的和正确的抉择。但这是否就意味着模仿、抄搬西方的做法或模式也就合理了呢？是否要引进政党政治，以及怎样及如何建构自己的政党政治，这不是同一个层次上的问题，不可以混淆。关于第二个方面，如果说近代中国民主革命先驱们曾因为别无他法，或起初是因为识之不多、知之不详而贸然这么做过的话，那么他们很快就有了清醒的反思、客观的结论。早在1924年，孙中山先生就已深刻指出："我们提倡民权，便不可完全效仿欧美……中国几千年以来，社会上的民情风俗习惯和欧美的大不相同……中国的社会既然同欧美的不同，所以管理社会的政治自然也和欧美不同。"[①] 那么以今人的眼光来看，我们又能从中得到怎样的教训或启示呢？

首先，有什么样的历史和文化，就有什么样的现代化、现代社

---

① 《孙中山全集》第9卷，中华书局1986年版，第320页。

会，就会有与之相适应的不同形式的现代政治、现代民主。文明根性、历史际遇、现实国情的不同，使近代西方和中国在革命后最终确立起来的民主政体当然有所不同。这种不同不仅存在于中国和西方。即便那些有相同民族和传统渊源的国家也都会有所不同，甚至有很大的不同。譬如曾经号称"日不落帝国"的大英帝国，它曾在全球都有殖民地，也曾把自己政治文明成果到处播撒、在各个殖民地都推行过英式政治制度。但今天如何呢？它的前殖民地美国、澳大利亚、加拿大、新加坡和印度等国，大家在政治制度上都不同于英国，且彼此之间也都各不相同。新加坡、印度在文明谱系上有别于英国倒也罢了，但即便与英国同文同种的美国、澳大利亚、加拿大等国，政制上也很不一样。特别是美国，它是联邦制、总统制、共和制和三权分立制的国家，这就完全不同于前宗主国英国的单一制、君主制和议会熔权制。为什么？从一开始北美殖民地人民的活法就已经有别于英国了，随着历史的变迁这些差别都在逐渐地积累和增加。到最后，面对不同的政治生态、政治矛盾和现实国情，它们都得构建和确立起真正属于自己的切身合体、切实好用的政治制度体系，这些体系自身的特质也因此不断得以强化和突出。就西方政治制度内部而言，现代英美模式的民主同法国模式的民主、德国模式的民主就有很大差异，此外还有一个以瑞士为典型的非主流模式——它有意识地使直接民主和共识政治优先于代议民主、竞争政治。西方国家内部尚且如此，非西方世界那就更不用说了。所以说，现当代西方主流的自由民主并不能占据、垄断世界民主政制的全部空间，统治世界人口最多的民主类型起码还包括中国的人民民主——它显然是一种非西方的、非自由民主的新型民主。

　　其次，不同国家、不同文化背景的民主政制各有其特质，与之相关联的政党政治、政党制度当然也不一样。政党制度与民主制度有一个怎样的关联？我们说，有什么样的民主，就一定会有什么样的政党制度与之相匹配。特定的政党政治、政党制度总是、也只能驱动和保障特定民主政治的运转。民主与政党制度的关系，打个比方，就仿佛是计算机硬件和软件的关系，机器不同、用途不同，所使用的操作系统、软件类型当然也就不一样。正如苹果手机只能装载和运行 iOS 系统、其他手机大多只能装载和运行 Android 系统一样，西方的自由民主只能匹配西方的竞争型政党制度，中国的人民民主就不能。系统是否匹配及匹配程度的高下，关系到民主政治能否切实实现，更关系到民主政治的基本效能。譬如在德国，联邦分权、议会集权为特征的民主就匹配了一种温和的多党制，它要是硬搞英国式、美国式的两党制，很快就会面临政府合法性危机。美国是以三权分立、彼此制衡为导向的民主，它的政党制度也就只能是美国特色的两党制。阿根廷总统制民主政体有类于美国，但却匹配了多党体制——结果导致国会中小党林立甚至是小党经常性地作为"关键少数"①决定政局变化，所以每每会运转失灵、改革乏力。此外，美式民主到了另外一些发展中社会譬如菲律宾，德式民主被借

①　比例代表制下或相对多数选制下，政府执政往往需要组织获得议会多数的政党联盟的支持。在选后议会格局中出现两大党席次相近的情况下，特定小党的倾向性选择就能够决定哪个大党能够主导执政以及它能否稳固执政（此种小党撤回其支持的话，也往往会导致政府的垮台），这个时候小党的政治地位及其政策要价无形中就显得非常之高。

鉴到东方民族国家譬如日本，实际上也都因应生态的变迁而自觉、不自觉地发生了种种变形，也都相应形成或采取了不同于美、德两国且在适应本国实际方面程度高下有别的政党制度。正是在这个意义上我们讲，世界上不存在完全相同的政治制度，也不存在什么适用于一切国家、可以"定于一尊"的政治制度模式。

二、中国政党政治的生发和演进

中国新型政党制度首先是近代中国政治发展特别是中国政党政治生发、演进的历史结晶。表面上看，它是历史的选择、实践的积淀，因为中国政党政治的发展变化总是直观地体现为不同政党政治模式的尝试和迭代。深层次看，它又是一种古老文明在浴火重生、实现自身现代转换的过程中积极的和主动的选择。作为中国政治发展、中国文化进步的一个关键部分，近代以来每一次政党政治的进退取舍，都直接关系到中国近代化/现代化模式和道路的命运；它在每一阶段上所形成或派生的各种制度特别是政治制度，也都直接关系到中国国家与社会、中华民族共同体的基本格局，特别是关于中国基本问题与矛盾呈现和解决的方式，它就关乎中国国家能否实现长治久安、中华民族能否实现伟大复兴。

文明根性与现代化起点的差异，决定了近代以来中国的政治发展在经验上、模式上都迥异于西方。我们曾提及，中国传统社会中人与人、群体与群体之间并不存在西方社会那样的"有机团结"——就好比面包匠、皮鞋匠等因为彼此差异性和互补性需要而紧密结合的关系①，因而长期以来也不存在西方那样比较有利于商品生产和市场经济自然萌发和壮大的经济、社会和文化生态。单一种植业文明只能派生保守的自然经济，以及基于均质化的宗族、村社等小共同体的人身依附的"机械团结"的东方社会结构。此种社会就只能是马克思所讲的"一袋马铃薯"——国家大抵也就是将那些"马铃薯"装在一起、从外部紧固在一起的"麻袋"。中国传统的君主专制其实也总是在有意无意地强化这一状态——它在明清时期演绎到了极致，后来又在西方侵略者坚船利炮的轰击之下零落成了"一盘散沙"。碍于这样的社会结构，发达的市场经济和物质文明在中国几无可能，而以它们为根基的现代化、现代社会也不会自然到来。为此，就必须先有一种积极自觉的力量，由它先把社会整合起来，之后才可能有实质性的、顺畅有成效的现代化。为此，就必须先推倒旧的政体、先构建现代国家，才能终结积贫积弱的旧中国、旧时代，这是位于近代中国政治发展起点上的第一个重大任务。要实现这个任务，像满清王朝这样当时已经成为反动力量的旧政权是不能容忍的。这就要革命。不同于西方的甚至可以在体制内开始新政体构建、聚集革命力量的模式，中国的革命和现代国家构建只能在体制外、靠暴力推翻旧体制来完成。这样，作为革命和国家构建之灵魂的中国政党，它们的产生自然也就根本不同于西方政党。概言之，中国人是向西方学习，引进了政党，但政党来到中国一开始要做的事却不是西式的议会政治及轮流执政，而首先是要充当革命、

---

① 其实质为任何人利益的满足都要以其他人利益的满足为前提，这种关系直接源自多种生活方式的个体、群体或共同体之间自然的交流、交换。

现代化的发动机，要筚路蓝缕、从无到有地建构现代社会和现代国家。在中国，从一开始就没有西方模式的资产阶级革命以及"政权造党"、"政党内生"，而只能有中国模式的资产阶级革命、社会革命及"政党外造"、"党造政权"——后者经历了漫长、曲折的过程，这一过程本身即构成中国政党政治生发和演进的历史。

（一）党也非其党、国亦非其国：第一次政党政治与孙中山的困惑

中国的第一次政党政治的开端，是同盟会的创建；它的高潮和收尾，则是民初的议会制、多党政治实践。这当中，国民党自身的发展和变化关乎政治制度、政党制度的全局，它也因此成为此次政党政治的主线索。

同盟会是中国第一个全国性的革命政党，它 1905 年 8 月成立于东京，以此前即已存在的兴中会、华兴会、光复会为基础组合而成。孙中山是同盟会的创立者和灵魂，他最先尝试"进口"西方的政党来构建中国现代国家。作为中国第一个政党——同盟会的创建者、中国史上第一个近代共和国家的缔造者，孙中山先生的丰功伟绩和历史地位是不可磨灭的，但他本人并未因此而有多大的成就感，他留给后人的政治遗嘱就是"革命尚未成功，同志仍需努力"。大家仔细品一品这一嘱托，就会从中深切体会到一种"出师未捷身先死，长使英雄泪满襟"的悲凉之感。为什么？孙中山对于他所创建的国民党无疑是怒其不争的，对于他所创立的民国也无疑是哀其不幸的——他本人的理想、志业并没有因国民党和中华民国的存在

而得以完全实现。对于革命，作为民主主义者、革命家，他尽了自己最大的努力。他初步解决了资产阶级民主革命理论准备的问题，使中国大部分支持革新的人们甚至不少维新派人士都放弃改良而转向了革命。他长期致力于集结人力、物力、财力特别是军力，百折不挠地发起一次次武装起义（包括后来的二次革命和北伐），希望扫荡一切反动势力。但令他痛苦、困惑的却是：无数头颅最终换来了共和牌位外加军阀割据。同盟会也从来就没有团结统一过，几经改组后仍是一盘散沙。面对这样的党与国，孙中山先生当然放心不下、轻松不了。

尽管是民主革命先驱、也曾引领时代潮流，但受历史与阶级限制，孙中山关于政党、政权与中国革命的理解和把握毕竟还是有局限的。孙中山很清楚要在中国闹革命、推翻满清政权就必须努力去抓"枪杆子"、"笔杆子"和"钱袋子"，他主要依托文人搞动员、主要依托会党搞起义，这都没问题。但在分配、使用从华侨那里筹来的款项时，他却是严重向"枪杆子"倾斜。这就使得同盟会内本非其嫡系的章太炎、宋教仁等"笔杆子"大为不满。围绕党内资源配置等诸多问题，同盟会在辛亥革命前就出现过严重的内讧、已经处于分裂状态了，多亏有黄兴从中调和，才能勉强不至于散伙。这还只是组织方面的问题。此外也还有理论、认识方面的问题。同盟会在思想上也是不统一的。孙中山先生本人是想革命到底的，但宋教仁等人却希望在中国搞西方式的宪政、政党政治，章太炎也过早地提出"革命军起、革命党消"的理念并一度为保守势力所利用。陈炯明后来与孙中山的分道扬镳也有政见分歧的原因：孙中山主张彻底打倒军阀,然后建构中央集权的现代国家;陈炯明则主张各省先搞地方建设,在联省自治基础上建设美式联邦国家。陈炯明对孙中山军政、训政和宪政的三阶段思想也是颇多腹诽与批评的。孙中山革命和建国的某些思想也的确有空想、不切实际的成分。在南北斡旋过程中,举足轻重的关键人物——张謇对此也是颇多微词。张是晚清状元、实业家,在东南士绅和工商界深孚众望。辛亥革命后在孙中山、袁世凯之间,他支持谁,谁大概就能坐稳大总统位子、主导后续政治进程。张、袁曾是同僚,有深入了解,他激赏袁的才智手段但不耻其为人。他曾到南京去当面听孙中山畅谈自己的主张。不想在当天的日记中,他还是对孙的想法重重地批了四个字:"未知涯畔。"张謇没有认可孙中山。① 相形之下,反倒是袁世凯四处逢源,要风得风,要雨得雨。不仅列强与士绅都给钱给支持,像梁启超、杨度等一些俊杰也都愿意加入其政府,甚至国外大政治学家、法学家美国人古德诺、日本人永贺长雄也都为其炮制过复辟帝制的理论。

民国初年各类政党如春草怒发,辛亥革命后两年间公开成立的党会、政团数量就多达六百余个,其中政治性的有 312 个,仅在 1912 年 2—10 月向民政部备案的党就有 85 个。② 至于各地一般性有组织的压力集团,则更是不胜枚举。这些政党主要可以分作激进政党和保守政党两大类。前者以同盟会—国民党为主,包括统一共和党、国民公党、国民共进会和民宪党等,后来大部分与同盟会整合

---

① 施轶伟:《试析辛亥革命后张謇亲袁疏孙之缘由》,《张謇研究》2017 年第 3 期。

② 张玉法:《民国初年的政党》,岳麓书社 2004 年版,第 31—32 页。

为国民党；保守政党则主要有统一党、共和党、民主党、进步党和公民党等，后来大部分整合进了进步党，成为袁世凯的御用党。民国多党政治、议会政治形式上也是做了不少事情，也基本发挥了监督行政、财政和外交政策等职能作用。此外，在立法和制度创设上也推出了国会组织法、一系列的选举法，并举行了选举，后来又起草了《天坛宪草》。但这些努力大多虎头蛇尾，没能起到实质性狙击专制、促进共和民主的作用。这是因为，民初大多数所谓的政党、政团，其实是既无经社基础又无群众基础的假性政党、政团。它们的成分也都是鱼龙混杂，官僚政客把持其中，弄权谋私上下其手，既没有共和民主的精神，又没有明确的党纲、严肃的党纪，因而总是涣散无力，也总是容易被分化、裹挟和利用。即便那些具备一定基础、有较大影响的政党，实际上也都未能真正进入和掌控政权的枢纽。概言之，多党制、议会政争倾轧并没有给中国带来民主、进步，反倒葬送了共和、方便了倒退。1915年年底，袁世凯复辟帝制，终结了议会政争，也宣告了多党制度的破产。

再来看国民党。没有科学思想和成熟理论指导和武装，政党当然会莫衷一是、一盘散沙。辛亥革命以后，宋教仁一度主导了国民党的政治活动，特别是它的理论和组织建设。宋教仁把自己的宪政主张付诸实践，主持起草了《中华民国临时约法》，将总统制改为议会内阁体制，并因应议会政治、政党内阁实践的需要将同盟会改组为国民党。在此基础上，宋教仁领导国民党在国会政治、议会选举中不断扩大影响，一时间形成了问鼎政权的优势，但最终还是功败垂成。宋教仁以生命为代价、国民党以挫折为代价得出一个深刻的历史教训：西方民主宪政的理论、模式和路径并不适合中国。国民党改组为议会政党的实践实际上是得不偿失的。出于选票最大化的考虑，宋教仁在推动同盟会与统一共和党、国民公党、国民共进会、共和实进会合并时，牺牲了同盟会的革命性。为了迁就相对保守的士绅阶层，他也弱化了国民党三民主义当中对于民生主义的强调。宋教仁笃信"政党以选举为要务"①。正是这一信条使得国民党第一次误入歧途。"宋教仁照搬西方议会政治、政党政治模式的主张何以能在党内占据主导地位？根本原因即在于是当时革命党人信奉和追求的还是资产阶级共和国的理想，除了这种欧美式的代议制度外，他们确实也提不出其他更好的政治方案来。同时，还可以注意到有两个直接起作用的因素：一个是，同盟会会员中很大一部分原是留日的学生，其中最多的又是法政学生，他们学习了一脑子'资产阶级民主政治'的洋教条，迷信这就是可以包治百病的'万灵良药'；另一个更重要的是，许多同盟会的活动分子这时已当上了议员，他们享受着袁世凯赏与的每年五千元的高额薪金，一面在议会中高谈阔论，一面沉湎于纸醉金迷的生活中，春风得意，踌躇满志。宋教仁'议会政治'的主张也反映着这一批人的利益和要求，得到他们的全力支持。这就是这种主张能够在同盟会内取得支配地位的秘密所在。"② 后来孙中山不得不出面收拾残局，重新改组国民

---

① 吴相湘：《宋教仁：中国民主宪政的先驱》（下册），台湾传记文学出版社1969年版，第202页。
② 金冲及、胡绳武：《从辛亥革命到五四运动》，参见《纪念五四运动六十周年学术讨论会文选》（一），中国社会科学出版社1980年版，第402页。

党为革命政党——但他又走向了另一个极端。从其具体做法中，我们还是能感受到孙中山政党观念的偏颇。他痛感国民党内的良莠不齐，故将党员分作三六九等——首义党员、协助党员和普通党员，不同等级权利上是不平等的——这就有些偏离民主的精神了。他痛切于国民党内的不认同、不服从领袖，又特别规定革命党的党员必须按手印、宣誓效忠其本人，并在誓约中写入"如有二心，甘受极刑"的字句。这样做显然不是现代政党合适的风格，更多的还是体现出中国传统会党理念、家长制甚至专制的遗存。孙中山这样一搞，连他最忠诚的革命同志黄兴也被迫出走了。此后，凭着一个并不健康的革命党，孙中山又回到了老同盟会靠少数人发难、发动革命的路径上。最终，在民国招牌下，军阀独裁混战不休，依然是城头变幻大王旗。整体来看，政党到中国以后，中国政党并非天然即具有成功领导革命和国家构建的能力。孙中山知道革命和国家构建需要有个发动机。他看到了西方政党引领国家治理的长处，他和他的同志也曾尝试把西式政党引入中国。但西方政党这个发动机到底是个什么样子，他并不谙熟；政党在中国应是个什么样子，他并非了然。实际上，他对政党的理解和操作也长期没有脱离中国传统"文人结社"、"民间会党"的窠臼。当他最终接受先进理念、懂得新政党该怎样搞时，却已是出师未捷的烈士暮年了。

（二）民主无诚意、独裁不彻底：第二次政党政治及蒋介石的困境

蒋介石从孙中山手里接手了一个经初步改造而来的"列宁式政

党"——在中共和苏共的帮助下，孙中山晚年所领导的国民党曾一度主张"联俄"、"联共"、"扶助农工"，自主改造成了工人、农民、城市小资产阶级和民族资产阶级四个阶级的民主革命联盟。但蒋介石对政党的理解并不比孙中山高明多少，他依托孙中山的政治遗产确立了一个一党专政的政党制度、打造了一个专制独裁的反动政权。国民党在蒋的手里很快发生右转并迅速堕落，终于难逃其陈腐气息以及派阀争斗传统的网罗。蒋介石、国民党右派选择性继承并歪曲了孙中山以党治国的思想，充分利用了孙中山军政、训政、宪政三阶段说特别是训政说的固有不足，大力宣扬和推行"一个国家、一个政党、一个领袖"的路线与实践，不仅根本背离民意、背离时代潮流，即便在国民党内部也长期无法得到广泛认同。

在初掌国民党党政军权力时，面对党内外的反对和挑战，蒋介石的第一招是限共、分共和清党。1926 年 3 月，或是出于本人故意，或是因为右派挑拨，抑或是两方面兼而有之，蒋介石借中山舰事件发难，迫使汪精卫去职出国，继而在表面上继续"容共"的同时，通过"整理党务"，一面在国民党领导机关换上了大批右派分子，一面实质性地打击、限制了中国共产党。至此，蒋介石已基本确立起了自己国民党党政军实权领袖的地位。到北伐后期，为了实现和维持政权形式上的统一，也为了维护一党专政、个人独裁，蒋介石、国民党就必须形成一个既能操控于股掌之间又能凌驾于大众之上的政治联盟。蒋介石亲手把国民党变成了这样的联盟。不仅老右派，即便各种地方派系、军阀势力等也都相继加入了国民党——这个党开始重新堕落为一个大杂烩。关键是 1927 年的"清党"——

此后，尽管国民党作为列宁式政党的组织架构还在，但其进步性、代表性却从此成了大问题。为什么？血腥的"清党"不仅把此前加入国民党的共产党人清光了，也把绝大多数忠贞进步的、非中共的国民党人清没了。这样一搞，国民党内真正有理想、有信仰、有热情的党员蒙受清洗，真正能同工农群众打成一片的党员惨遭杀害。土豪劣绅挟怨诬告报复，地方势力乘机剪除异己，遂使党内大量无辜者受累以致丧生，绝大多数党员干部噤若寒蝉、束手束脚，而各种投机分子却能鱼贯而入、弹冠相庆。清党过后，因对党灰心失望而出现了大面积的脱党现象，党内人才出现了逆向淘汰的形势，国民党一下子陷入组织瘫痪、纪律废弛的泥潭，从此再也不可收拾。国民党地方党权不是所托非人就是托付无人，惟有听任土豪劣绅和投机腐化分子侵夺、分掉地方权力资源，在地方社会藉党为恶。①

　　蒋介石很快就转向了以党领政、以军压党，搞所谓的党国政治。1927 年南京建政后，国民党在组织上、政治上很快就变成了党人（各种派系）加党军（央地新军阀）的党国综合体。党国首先是一个新旧杂糅、各派系纷纷厕身其间的"大屋顶"。在"大屋顶"下面，在理念上，国民党内部主张强权、欣赏德日极权的派系，以及喜欢西式民主、钦慕欧美的派系并立且往往南辕北辙；在利益上，拥蒋、反蒋的派系龃龉不断且每每倾轧火并，甚至拥蒋的几个派系——如 CC 系和政学系之间也都是钩心斗角。蒋介石身上有江湖帮派的习气，在党政军内长期搞恩庇—侍从政治，他有时甚

---

① 参见王奇生：《党员、党权与党争：1924—1949 年中国国民党的组织形态》，社会科学文献出版社 2018 年版。

至会刻意利用党内的派系斗争来实现自己的政治目的。这样一来国民党"党的派系化"、"派系的党国化"自然是盘根错节、尾大不掉的了。正因其如此，这样的党、这样的联盟也必然形同散沙，必然腐败异常。而要以这样的党、这样的联盟来执政治国，那就一定会是捉襟见肘，一定会是弊病无边、麻烦不断。蒋介石真地想通过高度集权来搞独裁统治并传诸子孙——但这个权力的确集中不起来。从国民党当时及此后相当长时期的处境来看，内忧外患嘛，集中党权、国权确实也是必要的。但这样一来势必会触动党内绝大多数派系的利益、将他们一个个地逼到墙角——蒋政治生涯中的几次通电下野都是因为他们的奋力反扑。蒋介石、国民党很早就意识到了派系纷争的严重性，也不是没有过集权、整顿的努力。蒋曾尝试向希特勒学习，也曾想撇开国民党搞军政一体、军国主义。他授意成立三青团，其中就隐含着另起炉灶、将老国民党替换掉的念头，但最后都不了了之。独裁不成能否搞民主？蒋介石一直不敢公然废掉三民主义，是因为他还要拿民主来当招牌——但民主同样也搞不下去。因为要民主，首先就会给党内外反对派各自为政留足充分的话语空间、足够的政治依恃。蒋介石没有足够的实力和威望，他不懂也无法运用民主的思维和方式来真正实现党和国家的真正统一。因此，无论党内还是党外的民主，从来都不是他的选项。蒋介石独裁统治时期不是没有其他政党，但这些政党要么长期处于体制外，如共产党；要么长期受高压控制直至被取缔，如各民主党派；要么沦为国民党的附庸，如青年党。国民党统治时期虽然没有了民初的多党林立、议会纷争，但就政党与政权的关系而言，仍是一如既往的扭曲——是政治强人而非政党在独掌大权。由于此种政党制度/政治体制的关系，蒋介石不得不长期面对这样的困境：讲民主则党争国削、讲独裁则军乱民反，他是民主无诚意、独裁不彻底。

此种困境自然是作茧自缚的结果，它不仅时刻威胁到蒋本人的政治安全，也始终在不断败坏国民党的党风和民望，并日益严重地锉削其执政的合法性。在南京建政后不久，国民党内部就开始弥漫着一种"亡党亡国"的恐惧，后者伴随国民党一直到败离大陆。短短十几年间，无论是党内、党外，竟然没有人真正看好国民党的前途。蒋介石曾对国民党有很高的期许，他讲过，国民党的责任和使命是实行三民主义，复兴中华民族，建立一个自由平等的独立国家，以尽到我们对东亚和世界的责任。但到了 1939 年，在一次中央党部纪念周上，他就这样讲：到了现在，本党差不多是奄奄一息，沉寂无声……散漫凌乱，纪律废弛，不但丧失了党魂，几乎连躯壳也不复存在……一般民众不仅对党无信仰，而且表示蔑视。在党外人士和一般民众看来，党部就是衙门，党部委员就是官僚。他痛斥，官僚两字就是贪污偷懒、敷衍虚伪的总名称，而国民党的表现就是懒惰、虚伪、散漫、迟滞。他讲，由于党的腐朽，有能力、有献身精神的党员离开了党，而党外有才华的人又不愿加入。他疾呼道，国家民族正处于生死存亡的关头，国民党正在衰弱中死亡。除非国民党现在自己重新振作起来，否则历史不会给它第二次机会了。[①] 对于国民党、党国的乱象，党内革新派曾在其杂志《革新》

---

① 参见周淑真：《政党和政党制度比较研究》，人民出版社 2013 年版，修订前言。

创刊号上发表《我们的呼声》一文，其中沉痛检讨国民党已经到了这样的地步：党离党员，党员离党；党离民众，民众离党；上层有党，下层无党；都市有党，乡村无党；做官有党，做事无党；为私有党，为公无党；空谈有党，实行无党；党内有党，党外无党；党的头大，党的脚小；党的名存，党的实亡。无独有偶，中共领袖陈独秀也曾这样讽刺国民党的党国：党外无党，帝王思想；党内无派，千奇百怪。以党治国，放屁胡说；党化教育，专制余毒。三民主义，胡说道地；五权宪法，夹七夹八。建国大纲，官样文章；清党反共，革命送终。军政时期，官僚运气；宪政时期，遥遥无期。忠实党员，只要洋钱；恭读遗嘱，阿弥陀佛。[①] 那老百姓怎样看这个党国呢？也有一个说法：半分责任不负，一句真话不讲，二面做人不羞，三民主义不顾，四处开会不绝，五院兼职不少，六法全书不问，七情感应不灵，八圈麻将不够，九流三教不拒，十目所视不怕，百货生意不断，千秋事业不想，万民唾骂不冤！[②] 这样的政党、这样的独裁的政党制度，若不败亡，那简直就没了天理了。

（三）突破迷局：中国共产党掌握了第三次政党政治演进的主导权

经过前两次的曲折与挫折，历史将主导第三次政党政治的使命赋予了年轻的中国共产党。中国共产党成立于 1921 年，是中国的民族和民主革命进入新时代的历史产物。中国共产党是中国工人阶

---

① 陈独秀：《国民党四字经》，见《陈独秀诗存》，安徽教育出版社 2003 年版。
② 赵映林：《抗战胜利后民国官场的腐败》，《文史精华》2008 年第 10 期。

级的先锋队，是马克思主义的先进政党。马克思主义揭示了人类社
会历史发展的规律，它的基本原理是科学正确的，具有强大的生命
力。中国共产党人追求共产主义最高理想，坚持马克思列宁主义的
基本原理，领导中国人民走适合中国国情的革命和建设道路，始终
代表中国先进生产力的发展要求、中国先进文化的前进方向，以及
中国最广大人民的根本利益。中国共产党成立伊始，就致力于探索
中国革命的道路，致力于马克思主义的中国化。中国共产党在领导
中国革命不久，就自觉地将自己定位为中国人民和中华民族的先锋
队。中国共产党的成立，使得中国革命的面貌焕然一新，也使得中
国政党政治的历史演进开创了一个全新的境界。这一次，历史毫无
疑问是很好地达成了自己的目的——中国终于找到了一种属于自己
的、适身合体的政党制度。

与孙中山的困惑、蒋介石的困境相对应，毛泽东早年也曾有过
一段时间的个人困顿。那就是，在中共中央机关从上海搬来中央苏
区之前，自己手里边有兵有权有威望，自己在革命理论和革命道路
等方面的探索上也明明都是正确的，但面对挟共产国际威风、僵硬
教条但又盛气凌人的"二十八个半布尔什维克"，他也只能坚决服
从党的组织和纪律，交出兵权。对于当时的中共中央所推行的"左"
倾路线及其祸害，他也只能强加隐忍。中国共产党奉行严格的民主
集中制，有着极其鲜明的政治性、无比强大的组织力量和铁一般的
纪律，这是此前任何中国政党都不具备的。正因为此种独具的特
质，在中国共产党党内，无论是谁，无论他有怎样的识见和功勋，
无论其地位多高、影响有多大，在党的组织纪律面前都是平等的，

都只能无条件地服从。严明的纪律，党的组织性、统一性是超越一切的最高存在，这固然是毛泽东早年困顿的直接原因，却也是这个党最终能够凝聚起强大力量、终于成功担当起国民党长期不能胜任的国家构建使命的关键所在。

由于创建时的历史原因、政治背景，也由于马克思主义中国化客观上总是需要有一个从轻浅到成熟的历史过程，中国共产党早期理论和实践也确实存在诸多不足。其中一个关键环节，就是如何处理好与共产国际的关系、坚定不移探索和走自己的路。中国共产党是在共产国际的帮助下成立的，起初是作为共产国际的支部而存在的，要遵守共产国际的政治纪律和组织原则、服从国际的领导——这就给共产国际、斯大林直接干预中国革命提供了空间。斯大林虽是俄国、苏联革命和早期建设的卓越领袖，但却有其毫不遮掩的"老子党"、沙文主义思想倾向，他对远在东方的中国革命实际并不了解，但却有时出于个人意志、基于苏共和苏联的需要来瞎指挥。斯大林、共产国际的干预使年轻的中共陷于日趋严重的"左"倾错误。陈独秀、瞿秋白之后，在中共中央实际负总责的先后是李立三和王明。李立三、王明都是推行极左路线的领导人，他们一个是推行盲动路线，一个是唯共产国际是听、唯苏共号令是从，结果都直接导致了军事上的大挫败、都给党和革命事业造成极大损失。一时间，党和中央红军在苏区待不下去了，于是被迫长征。长征后不久，中共中央同苏共中央失去了直接的通讯联系。正是在这个千钧一发的间隙中，遵义会议成功召开，挽救了党、挽救了红军，党内斗争以毛泽东为代表的反对极左路线的力量赢得初步胜利，这才有了后来的四渡赤水和陕北会师，党和红军才得到喘息之机，继而才重新确立起毛泽东及其正确路线在党内的领导地位。这一领导地位也一直到共产国际解散、延安整风和王明路线被彻底清算，才最终得以巩固。

中国共产党的历史经验充分表明，党的高度的组织纪律性与正确的理论和路线相结合，中国革命自然会无往而不胜。百折不回走自己道路的中国共产党最终成功解决了自己的路线问题、组织问题和革命实践问题，走出了一条领导中国革命和民主事业发展的成功道路。在建党目的上，是矢志要为中国人民谋幸福、为中华民族谋复兴；在建党方向上，是要把自己打造成革命的群众的先进的中国政党；它强调思想建党，要求党员思想上入党，始终致力于以正确思想统一全党；在组织纪律上，始终强调民主集中、纪律严明和党的高度的团结一致；在党的作风上，始终弘扬实事求是、理论联系实际的思想路线和从群众中来到群众中去的群众路线。正是这一新型建党实践，使中国共产党这个新发动机要比国民党结构更新、马力更强、维护得也更好，所以能更有效驱动国家构建进程。这个党不仅具备了更强大的动力系统，而且在领航、控制系统及其整合上面也更高明。这样一个先进、优秀的政党比国民党更中国也更现代，更有资质和能力来承载引领中国前行的使命。中国共产党领导中国革命的经验也表明，只有把党建设好，确保以正确的思想和路线武装、指导全党，确保党不犯颠覆性的错误，党和人民的事业才能得以顺利推进、健康发展。在革命战争年代，把党建设好也首先是军队和政权建设的政治前提。人民军队不同于中国任何传统武装力量的根本，在于绝对听党指挥。只有在党的正确领导下，人民军队才能成为钢铁洪流、才能战无不胜。1927 年南昌起义，揭开了中国共产党独立领导武装斗争和创建革命军队的序幕。南昌起义后不久，毛泽东领导的秋收起义部队在江西永新三湾村进行改编。此后又经过 1929 年的古田会议，中国共产党领导的部队确立了党指挥枪、支部建在连上、军队实行民主主义和官兵平等的新型建军原则。正是因为忠实地贯彻了这些新型建军原则，红军才能经受住严酷战争的考验，在根据地武装斗争以及在后来的长征中愈挫愈勇、历久弥坚，到陕北后更是不断壮大。也正是得益于新型人民武装力量的不断壮大，我们党领导的根据地新型政权建设也才能全面铺开、不断发展。我们今天的党的体制、政权体制，基本上都是从根据地特别是从延安走出来的。在延安边区，我们党领导人民群众真正实行民主原则，实行民主选举，开创协商政治，创建"三三制"政权，确保老百姓"丢豆子"、"戳香眼"选出来的边区政权机构（特别是其中的非中共代表人士）有职有权，初步形成了较成熟的党领导人民当家作主的政府体制，形成了与自己党内组织架构相一致的民主集中的政权架构。

概言之，中国共产党对中国革命、中国民主的把握更深刻。在形成自己建党模式的同时，它形成了自己支部建在连上、党对军队绝对领导的建军新模式，以及党领导政权、同一切进步力量组织和运转（人民当家作主的、民主集中的）商量政府的建政新模式。中国共产党在边区搞民主，其诚意及举措当时是举国皆知、令人向往的，相关实践甚至在西方社会中也一度引发深厚的兴趣、热切的关注。这样，在领导解放全国之前，这个党就已形成了较成熟的自己领导人民当家作主的政府体制，形成了与自己党内组织架构相一致的民主集中的政权架构。根据地党、政、军的建设，实际上是最终形成了中国特色新型民主、新式国家政权体制的雏形。这些都是中国共产党最终能引领人民革命建政、协商建政的现实基础，同时是中国共产党能够最终取代国民党、成为新的历史阶段里中国政党政治演进的主导者的必要条件。

三、新型政党制度的形成和确立

中国共产党为什么能由弱变强？又为什么最终能从一个根据地武装割据的党华丽转变为一个成功的建国政党——中国社会的领导党、中国国家的执政党？一方面固然在于其建党、建政和建军实践的卓异成功，另一方面则在于它在长征以后对中国有了更深刻更全面的把握，对自己的角色定位有了更明确的自觉，同时更加擅长通过自己的理论、路线、方针、政策来将中国社会更迅速和高效地团结整合起来。

（一）统一战线：克敌制胜的法宝、赢得人心的法宝

统一战线和政治联盟，这是解开"中国共产党为什么能"谜题的一把金钥匙。中国共产党和红军的两万五千里长征有一个此前人们关注并不太多的历史意义，那就是中国共产党在对中国以及对自己有了更深刻更精确把握的基础上，越来越自觉、越来越娴熟地运

用统一战线、政治联盟的眼光来分析和解决中国问题。在长征中，中国共产党从相对发达的东部地区走到相对落后的西部地区，接触到中国经济社会生活的方方面面，接触到中国各阶层、各民族以及各领域中方方面面的问题；在长征中，中国共产党开始深刻地自我反思并迅速走向成熟，它痛彻地体悟到自己在大革命中的失败并非因为自己在成分上太复杂了而是太纯洁了，它深刻地认识到只有彻底地实现马克思主义的中国化、实现自身奋斗目标与中国实际需要相结合——使自己切实成为、并且被中国人民真正承认和接纳为中国人民和中华民族的先锋队，中国革命才能有光明前景。那么什么是中国人民？什么是中华民族？在共产党人看来，它们是从不同视角出发看待同一个生生不息的古老东方政治共同体的结果，它们都指向一个悠久和广泛的政治联盟。只有成为并胜任这个共同体、这个联盟的核心和领导力量，并且能够将其团结、整合得越来越紧密、牢固和坚强有力，才能克服一切困难、战胜一切敌人，才能使之跻身并永远屹立于世界强盛国家与民族之林。在延安时期、抗日战争时期，中国共产党的统战艺术终于走出了早年的青涩不成熟、终于修炼到了炉火纯青的地步。全国抗战一开始，中国共产党就及时提出了建立抗日民族统一战线的正确主张，广泛地团结和争取包括国民党在内的政治力量，一致对外，共同打击侵略者、捍卫民族独立。统一战线的政策和实践帮助中国共产党成功地分化和瓦解了敌人，同时将包括各民主党派在内一切追求民主、进步的人们都争取到了自己一边。不仅是民族独立战争要搞统一战线，中国共产党也早已确定要用统一战线的方式、方法来建构一个联盟性质的新政权。在其著名的《新民主主义论》中，毛泽东曾经明确提出：新民主主义国家的政权不同于资产阶级专政国家的政权，应实行包括各阶级、阶层、政党、政团及个人等各革命阶级联合的国体和民主集中的政体。[①] 这一政治主张是一贯的和坚定的。在后来发表的《论联合政府》中，他又重申：中国将产生一个对于我们是完全必要和完全合理同时又区别于俄国制度的特殊形态，即几个民主阶级联盟的新民主主义的国家形态和政权形态。因此，成立各党各派和无党无派代表人物在内的联合的民主政府——中国只能走这条路。[②] 循着这样的思路，实行"三三制"政权，抗日战争后期的延安已成为中国民主的灯塔，而中国共产党也已开始逐渐取代国民党成为民族之希望、民意之所归。

（二）民主党派的产生及其同中国共产党日益亲密的同盟关系

抗日战争时期，也是中国民主党派集体涌现的时期。早在此前，海外华侨社团在旧金山成立了致公党（1925 年成立）。此后，由于蒋介石倒行逆施导致国民党分裂，一部分革命、进步的国民党人又组建了中国国民党临时行动委员会（1930 年成立，1947 年改称农工民主党）。抗日战争期间，随着国难日益深重，人民群众对于团结抗日、民主建政的呼声不断高涨，中国民主同盟在重庆成立（1941 年）。到抗战胜利后、国民党全国政权被推翻前，中国民主

---

① 参见《毛泽东选集》第 2 卷，人民出版社 1991 年版，第 662—711 页。
② 参见《毛泽东选集》第 3 卷，人民出版社 1991 年版，第 1029—1100 页。

建国会（1945年）、中国民主促进会（1945年）、九三学社（1946年）、台湾民主自治同盟（1947年）、中国国民党革命委员会（1948年）也相继成立。这些党派起初都致力于反对专制独裁、在中国实现资产阶级民主，当时即被称为民主党派。这些民主党派形式时期的社会基础，主要是民族资产阶级、城市小资产阶级及其知识分子，以及其他少部分爱国民主分子。出于自身阶级上和认识上的局限，民主党派早先多奉行所谓中间路线，既反对蒋介石、国民党的独裁专制，也不完全赞成共产党的纲领、路线和政策。后期特别是抗战胜利后，出于共同的政治目标，民主党派、中国共产党日益走近。中国共产党的统一战线政策、统战工作取得了极大的成功。在重庆国民参政会和旧政协期间，中国共产党和民主党派、无党派人士在政治立场上越来越近，政治合作也越来越热络。抗战胜利后，蒋介石国民党政府恃功倨傲、倒行逆施，不顾和平建国的普遍民意挑起内战，结果民心丧尽。1946年春夏，随着内战日益扩大，为了压制和平民主力量，国民党反动派制造了震惊中外的"下关事件"。暴行彻底打破了原本持中间立场、主张第三条道路的民主党派的幻想，以中国共产党为核心的反蒋民主同盟逐渐形成。1947年10月，蒋介石宣布取缔民主党派。此间，在此起彼伏的群众运动中，由广大工人、农民、市民、小资产阶级、民族资产阶级、开明绅士、爱国华侨和各民主党派、人民团体等参加和组成的统一战线性质的"第二条战线"形成，有力配合了人民解放军正面战场的武装斗争。解放战争期间，在我党卓越的统战工作影响和推动下，全国人民包括各民主党派在内的一切革命进步力量积极支持中国共产党领导的武装力量，很多民主党派同志置生死于度外，帮助中共策反、打击国民党军。譬如民盟成员就曾在策反傅作义部中起到关键作用；又如农工民主党，它曾在江西、广东等地直接发动反蒋武装起义和游击斗争。民主党派和各方面民主人士的斗争积极配合了人民解放军军事行动，极大地加快了民主革命胜利的进程，这是中国共产党出色的统战工作所结出的丰硕成果。

（三）多党合作、协商建政：新型政党制度的确立

中国共产党带领中国人走出现代国家构建历史迷局的收官之作，就是组织召开新政协，与一切革命阶级、民主力量共同协商建政。1948年，解放战争大局落定、接近尾声，民主党派和民主人士纷纷自觉站到坚决反对蒋介石反动派、同中国共产党携手走向民主进步的政治立场上。一些民主人士、党派领袖如陈嘉庚、沈钧儒等向中共中央建议，尽快成立全国政权机关，以与国民党正在强推和操纵的伪国大、伪总统选举相对抗。当年4月底，中国共产党拟定并向全国发布著名的"五一口号"，号召"各民主党派、各人民团体、各社会贤达迅速召开政治协商会议，讨论并实现召集人民代表大会，成立民主联合政府"。这一倡议迅速得到了广大民主党派和无党派民主人士的热烈响应，他们发表宣言、通电和谈话表明合作意愿，并积极奔赴解放区与中国共产党共商建国大计。"五一口号"的发布及其当时所获得的热烈反响，成为中国统一战线和多党合作发展史上的一个里程碑。由此开始，各民主党派和无党派人士公开自觉地接受了中国共产党的领导，坚定不移地走上了新民主主

义、社会主义的道路。从中华政制传承和发展的角度来看，民主党派和民主人士对于"五一口号"的支持和拥护也是极具象征意义的：它意味着士人归心、天下归心——这是任何政权在中国获得政治正当性都必须具备的关键一环。由此开始，中国政制的现代展开——新型民主政治建构和新型政党制度实践也就揭开了新的一页。从"五一口号"发布到 1949 年新政协——中国人民政治协商会议的顺利召开，中国共产党领导民主党派和民主人士以及全中国的一切革命民主进步力量真正实践了新型商量民主、商量政治的过程。在这一过程中，中国共产党将自己党内的民主集中制推广到政党政治、国家政治层面，实际上是从国家制度上明确了中国共产党和政权的关系，在此基础上也确定了它同各民主党派、无党派人士和中国社会各阶级阶层的关系。中国共产党团结、领导自己所有的政治盟友一起谈出来了一个新政权、确立了一种新型民主——人民民主专政。为了能够驱动这一新政权 / 新民主切实、高效地运转，中国共产党团结、领导自己所有的政治盟友又为它匹配了、确立了一种新型的政党制度——中国共产党领导的多党合作和政治协商制度。新民主、新政党制度的确立，也就意味着协商建政后中国共产党全面领导国家建设新政治格局的确立，意味着民主集中、协商治国的国家治理新模式的确立。党的领导、多党合作和政治协商，实在是中国共产党的建政之本、中华人民共和国的立国之基。

中国近代以来政治发展特别是新型民主政治、政党政治生发的历史表明，由于文明与历史演进的独特性，由于步入现代化进程的时代和起点、际遇的不一样，中国国家、中华民族的现代化根本无法亦步亦趋地去仿照西方的成功经验，中国人只好也必须另辟蹊径。而且中华历史与文化的根性，特别是中华政制的一贯逻辑也潜在地决定了中华民族、中国人民的现代化总也离不开一个主心骨，这个主心骨既要有权威，又要讲民主，它应当有高度的自觉、足够的能力来促成中国社会进步特别是中国政治发展中民族性与现代性的高度统一。中国共产党因为在政治上特别是在组织纪律上模范地倡导和实践民主集中制，因而获得了相对于近代以来中国所有政治主体而言的最强大且最现代化的凝聚力、组织力和战斗力，因而能成功引领革命战争的胜利，成功引领民主建政的伟业。中国共产党"议要多元、行要统一"的组织领导特质和风格，也成为其维系和巩固中华民族、中国人民政治共同体一体多元政治格局的固有优势。正因为有这样的固有优势，中国共产党才终于实现了"党造政权"与"协商建政"的高度统一，才能成为现当代中华民族、中国人民的领路人。而在此后，又因为始终坚持和成功维系了"一党执政"与"协商治国"高度统一，中国共产党也将继续长期地来充当这个领路人。

第四章　中西民主及政党制度的不同

　　我们已经探讨了中国政治逻辑相对于西方政治逻辑有怎样的不同，我们也概略地了解了中国政制特别是中国政党制度相对于西方类型的不一样的文明根性和历史由来，以及中国新型政党制度的构造、功能与价值，以及它的运行机制。接下来，我们将转向横向的当下的比较，着力从制度建构和政治实践的角度来研究中西政党制度的异同，来论证我国新型政党制度的现实性。

　　在此之前有必要指出，任何在实践中被证明成功的和有效能的政党制度、被证明在自身所处的政治共同体中获得较高认可度的政党制度，都有其共性且彼此间也都有更多可以交流、互鉴的地方。这些共性统一于政治的现代性和公共性上，统一于民主政治的基本要求上，那就是要让权力受到规范、让权利受到保护、让参与受到尊重。正因为如此，政党无论在中西方都得联系国家与社会，都得尊重民意，都得有代表性、能获得人民的认可；同时，都要积极地影响或执掌国家政权，以生产更多更优质的政治产品，来满足人民的需要。政党的这些共性并非是抽象存在的，而总是要借助不同国家、地区政党的具体实践展现出来，因而在体制及构造形式上、在政治行为及过程上又总带有地区或民族特色。譬如同样搞民主政治、政党政治，基于权利—义务的政治逻辑，出于要规范权力就必须分权制衡的理念，西方人就创制了、长期以来也习惯了竞争性的政党政治；基于权力—责任的逻辑，出于要维护共同体和政治联盟需要就应中央集权、协商共治的理念，中国人就创造了、也成功实践了合作型的政党政治。又譬如同样是西方自由民主的政党政治，英美就形成了两军对垒的多数民主制下的两党体制，日本就维持了民选政治与自民党长期执政一党优位制的组合，而瑞士则传承了以直接民主平衡选举民主、国会各大党制度化长期联合执政的体制。现代世界多样化、丰富多彩的政治图景显示，民主政治、政党政治无定法亦无定式，对各国而言，没有唯一通用的标准、单一的模式，适合国情、实用管用就好，民众喜欢、接受哪怕不反对就好。因此，片面以一国标准去剪裁别国实践，独断地以一种模式去否定其他模式，其实并不能显出自己的优越、高明，反倒可能暴露自己的狭隘与无知。

对待多样化的民主实践、面对差别化的政党制度，政治家、观察家们不论来自哪里，恐怕都应抱持如下的立场、态度，方才算得上客观和公正：各美其美，美人之美，美美与共，天下大同。这里还要指出的是，我们虽然主张不同的民族、不同的民主及政党政治实践都有权利也都应当"尽其性"、"做自己"，但这并不意味着在不同民族及其政治实践之间就不可以有善意的批评、理性的批判。不同的人民对自己的政治逻辑、政治实践和政治制度都可以有充分的自信，但自信毕竟不等同于自负。我们清醒地认识到：但凡政治实践，都会有其不足之处；但凡政治制度，也必定都有其薄弱环节。推进政治发展的力量与导致政治衰朽的力量总是并存的，即便是政治文化的内核——中西方人民各自珍重的、长期以来习成自然的政治逻辑也都并非完美无缺。恰恰相反，在现实实践中，权利—义务，以及权力—责任这么两种基本逻辑同样都有着天然趋向极致化的本能：权利—义务逻辑趋于极致化，就非常可能走向国家的失效、政治的分裂；权力—责任逻辑趋于极致化，就有很高概率会导致国家的失控、专制的膨胀。现代中西方民主政制、政党制度存在的基本价值，以及其发挥作用的关键，就是要不断地去调适、纠偏，不断地去弱化政治实践中此种政治逻辑内在的极致化的冲动。当然，所谓"不识庐山真面目，只缘身在此山中"，除了各国人民不断维护、革新和优化本国政治制度以外，来自其他政治共同体的、出于不同视角的理性批判，以及人们各自在本国民主治理中所收获的成功经验，恐怕就是最具参考价值、最富启发意义的了。

由此，我们横向的比较研究就将在充分肯定中西方政党政治各自合理性的同时，努力地去检视、批判它们各自的不足。当然，任何比较研究特别是政治比较研究都不可避免地会带有某种"前置性"立场——或是意识形态的，或是民族主义的等。正如国内学者所强调指出的，作为中国学者、中国公民，我们也的确有责任和义务来为本国政治、本国制度做更多更深入的诠释和"护卫性研究"①。毕

---

① 杨光斌：《中国政治认识论》，中国社会科学出版社 2018 年版，"前言"第 5 页。

竟，尽管当下的各国学者都能清楚意识到、但却谁也无法完全跳脱冷战以来世界范围内政治学研究早已高度意识形态化了的生态和格局。从自己的视角出发去搞比较研究，我们将会看到：政党制度的内容与民主政治的本质始终是直接相关的。当今世界统治人口最多的两种民主，分别是西方的自由民主和中国的人民民主，它们都有与自己相匹配的政党政治、政党制度。在中国，独特的历史与文明根性决定了人民民主以及中国新型政党制度最终脱颖而出，成为现当代中国政制的必然选择。尽管都要体现现代民主的基本要求，而且彼此间也的确存在着某些共性、存在着一些可以互为镜鉴的地方，但由于历史与文化的差异——中国并非西方，中国的人民民主制度整体上还是有别于西方主流的自由民主制度。两种不同的民主制度自然形成各自的运转模式、操作系统，相应形成不同的政党制度。自由民主制度对应着资产阶级性质的多元竞争的政党制度，它要靠这样的政党制度来驱动运转。中国的人民民主制度则对应着社会主义性质的一体多元的非竞争型政党制度，新型民主当然要依托新型政党制度来运行和实现。我们已经讨论过政党政治与现代民主政治的关系，知道它们大约是一体两面的东西、是不可分割的整体。在此基础上，要对中西政党制度做横向的比较，首先还是要从中西现代民主制度的比较来说起。

一、中西两种现代民主制度的区别

整体来看，自由民主、人民民主存在以下几个方面的不同。

（一）生成与政治生态上的不同

自由民主出现在欧洲封建社会中，在西方社会居于主导地位的权利—义务的政治逻辑正是欧式封建社会不同领域和层次中各方面政治主体特别是领主与附庸（保护与效忠互为前提和条件）基本关系的映射。中国古代历史上也有过类似的封建社会，即周代的分封建——彼时的思想家孔子在讲"君君臣臣父父子子"①时，其本意不是君父就享有绝对的权力，而是既为君父那就得像个君父的样子，那么相应地臣子才会像个臣子的样子。按照早期儒家思想的逻辑，君贤那么臣就得忠，父慈那么子自当孝；但若君父不像君父、不保护甚至于残害臣子，那么臣子自然就可以"乱命不从"，甚至可以如孟子所讲的那样"视君如寇仇"②。这是在强调君臣父子都各有其权利，也都要各尽其义务。但在秦汉以后中国社会形态很快就发生了根本性变化，所以也就不会像日本一样——直到近代都还维持着一种仿佛更接近欧式封建的社会形态，并因而能得以相对顺利地植入近代西方政制。欧洲式的封建社会不仅确立了权利—义务关系，同时因此而：（1）滋养和进一步强化了原生的市场经济；（2）开启了西方社会率先步入工业化和现代化的先河。后面这两个方面对于自由民主而言的社会历史意义确实是不容忽视的。一方面，市场经济的某些规则被引入政治领域，自然生成竞争型的民主政治、党派政治；另一方面，工业化和现代化同时离不开不断深入的思想启蒙

---

① 《论语·颜渊》。
② 《孟子·离娄下》。

和不断强化的政治理性，它们为自由民主的经验实践指明了方向、注入了灵魂。古代中国的情况显然有所不同。秦汉以后中国社会或有封建之名但不再有封建之实，起码不再有同欧洲式封建相近的封建形态。所以，在整体发展上也就自然不会重复西方经济社会演进的模式，不会再现西方政治发展曾普遍遵循的那些规律性的东西。因此，在西方国家历史上似乎是水到渠成的市场化、现代化和政治民主化的标准化进程，以及由此而来的种种后续效应，都很难在中国历史上找到可堪对应的东西。中国社会仿佛是静止了，仿佛不存在经济的、社会和政治形态的演进，这似乎也正是马克思认为中国古代社会是其所谓东方社会而非封建社会的直接原因。且不论西方人怎样看，即便我们自己今天回过头来看，秦汉以后中国社会也确曾长期"静若处子"——虽因天下分分合合、民族与文化融会等诸多因素间或会有一些变异和松动，但总体上一直都在强化的君主集权专制的东方政治、治乱循环的超稳定结构极其不利于市场经济的自然生长，也总是会一再地削弱、芟夷民主的政治上层建筑所不可或缺的经济社会基础。古代中国的东方社会不惟无民主，亦无民主可以正常生发和健康成长的土壤。这恐怕是史学家们的公论。既如此，那么在中国搞现代民主自然就不是什么轻轻松松、可以一蹴而就的事，它首先能做的、首先要做的，当然就不是把人家现成的东西搬来、抄来，而是要进行社会的、政治生态的改造，使中国社会的大气候以及方方面面的小气候逐渐变得适宜民主的孕育和生长。然而，在近代以来的中国民主先驱以至于大多数国人看来，在这方面中国却又不存在什么"万事俱备，只欠东风"的可能。侯河之清，人寿几何？——民主建构和改造生态势必得同时进行，因此必须彼此兼顾、相互调适。概言之，不得不摸着石头过河，这就是中国现代民主政治发展现实生态的一个最基本的特点。

（二）基本价值和逻辑渊源的不同

自由民主在政治哲学的本根上是以原子主义、个体主义为基本导向的，近代以来自由主义者，特别是持契约论国家观的自由主义者，从根本上讲也都是个人主义者。因是之故，现代自由民主的相关政治设计更多的是在突出强调个体先于社会、社会先于国家——因为在自由主义者看来，国家和权力乃是出于保护权利的需要才得以产生和存续的。自由主义者天然倾向于促成国家与社会的分离、确认公共领域和私人领域的边界，并以此来确保个体自由权利的独立性和完整性。在他们看来，不仅国家权力应当是分开的，即便不同的社会生活领域也应当是分立的——政治、经济和文化领域都有其各自所宜遵循的专门化的价值原则。只有这样，个体的公民及其自由权利才能得到最大化的保障；为了如此，那么国家及其权力也就只能自我引抑、趋于最小化，并自觉充当名为自由权利实为资本权力的守夜人。人民民主不是西方意义上根本属于个体的公民的民主，而是一种中国特色的联盟的民主。这跟人民在中国的独特意蕴直接相关。在现当代中国政治语境中，人民首先不是公民及其权利的集合——一种原子主义基础上带浓重契约社会色彩的政治主体，而首先是指团结在中国共产党周围的最广泛政治联盟。这个联盟在革命战争时期是一切革命、民主和进步力量的联盟，在和平时期则是一切社会主义的劳动者、建设者，以及一切拥护社会主义的爱国者、拥护祖国统一和致力于中华民族伟大复兴的爱国者的政治联盟。人民民主就是这个政治联盟的民主，它也有作为自身理据的"政治契约"。作为联盟共享的民主，人民民主当然是导向集体主义、共同体整体主义的民主，是一种首先为了维护联盟和共同体存在的民主，因为它一直面对着外部敌对力量的挑战，也一直面对着内部分离主义的压力。这样一种民主是史无前例的。在这里，国家本身只表现为一种马克思所说的"人民的自我规定"，因而恢复到了它的本来面目——"即人的自由产物"。[①] 马克思所讲的人的自由是属于全人类的，是同时属于人类整体和个体的自由解放和全面发展。与西方自由民主崇尚并且在实践中依托历史经验积累的生发逻辑不一样，人民民主这样一种全新类型的民主更多理念建构成分。它也还需要必要的时间和空间，从无到有、从简约到精致，一步步地把一张建构来的蓝图逐渐落实为实践和制度。

（三）实际运转方面的差异

自由民主是一种崇尚和保护人的自由权利的民主类型、一种权利本位的民主类型。作为政治制度的自由民主所要保障的自由、权利是多样化和多方面的，一般都会包括基本人权、基本政治权利，譬如要求适用合法程序的权利，以及个人隐私权、私人产权、法律面前人人平等、言论自由、集会自由和宗教自由等权利。在自由民

---

① 《马克思恩格斯全集》第 3 卷，人民出版社 2002 年版，第 39—40 页。

主政府体制下，这些自由权利要么是像在法国等国那样直接由明文宪法来赋予，要么是像在英国那样透过政治惯例或是普通法（判例法）来赋予。在西方国家，不论是权利法定（由国家赋予），还是国家因权利而存在，自由民主的第一个面向，都是在程度不等地强调自由权利乃是民主国家的政治基石。而西方人所津津乐道的契约论的本质，就是在讲权力源自于权利的委托或让渡，就是在讲主权在民、讲（个体）天赋权利的至上性。怎样将这样一种政治理念、政治价值充分体现在制度框架上，体现在政治实践中？西方社会一般都通过将权力分开，来避免权利与权力间的非对称性以及严重失衡；都是要努力去避免出现过于强大的国家权力，从而使个体及其自由权利免遭可能的严重侵害。在自由民主框架中，国家终究是被当作一种恶来看待和对待的。因为只有它及其强大的权力，才可能对公民权利造成伤害。所以自由民主的另一个主要面向，就是偏向宪政、偏向法治国家，就是要在分权的基础上实现以权力制约权力，从而确保权力及其运行能听命于作为主权者的人民、能尊重和服务于人的自由权利。法治一词的西文表述，是"the rule of law"，意谓法的治理，就是说：作为人民意志的法本身就是治理的主体，而法治所指向的治理对象就是国家及其权力——法治治的是权力，把权力治住了，权利也就安全了。人民是主权者、法是主体，但作为群体的人民，以及作为抽象主体的法，却又都不是能够直接统治、直接做出决定的，这就需要在政治框架中、在现实的政治过程中有受命的或受托付的人们，由其来助成主权者的权力意志和政治目的。所以，自由民主的第三个面相，就是代议政治、选举竞争，它要通过人民定期从一群彼此相互竞争的政治人物、政治力量中选出当权者，由他们代表自己来具体地组成政府、推动或制衡公权力的运行。在这里，在选民与当选者之间，实际上是透过选举中的多数选票加持，来缔结了一种关于权力的委托—代理的关系。因为这一关系的存在，代理人必须就权力的行使向委托人负责，这也就是西方人惯常讲的"有回应的政治"、"责任政治"——但它实际也还是精英代理或垄断国家权力的一种方式。

人民民主当然也关注公民个体及其权利，也在宪法中明定保护人权。但人民民主是民权本位、社会本位或共同体本位的民主。平等是社会主义的基本价值，它起初是作为原始资本主义让多数人"自由"得一无所有的政治对立面出现的，当然不会把它自己所批判的少数人的自由奉为根本价值、第一政治原则。多数人的平等显然更多地要依赖联盟、共同体的永续存在和发展。于是，联盟共同体优先和至上的原则，也就是人民民主制度语境中的人民主权原则，它同样显现为人民民主的第一个政治面向。当然，此人民主权非彼人民主权，毕竟中西方对人民的理解还是有较大差异的。要确保作为联盟的人民的至上主权，首先就要维持联盟的团结——不团结的联盟总是无法长期存在和发展的。于是，这就要以相对集权的方式来确保没有任何内外政治力量能分化、瓦解或打碎联盟，这就形成人民民主的第二个面向——对于法制的依赖要远高于自由民主模式。法制不同于法治，法治首先意味着国家的义务、公民的权利，法制则首先意味着国家的权力、联盟主体的义务。社会主义国家当然也要搞法治、要崇尚和推进法治以保护人民群众的正当

知·识·链·接

代议制是中世纪西方政治史上最重要的创制之一，超越了古典民主以直接的同意来赋权的理念和做法。关于赋权以及权力正当性的基础，日耳曼人有两种理路，一是权力是自下而上由人民赋予的，二是自上而下由上帝赋予的。这两种理路有一个共性，那就是都认为掌权者实际上是代理人，它代理了人民或上帝的权力，是上帝或人民委托它们代理自己权力的。代议制可以被视作一种委托—代理机制，其中选民与当选者的关系也可以视为一种委托—代理关系。

权益，但这个法治更多地还是要体现为依法治国，它总是首先要以联盟统一共同体及其政治象征——统一的国家不受损害和威胁为前提。人民民主同样要以选举方式来组织政府、产生各种权力机关，选举对此种新型民主而言同样是必要和不可或缺的。但此种民主更注重的，还是人民群众直接的意见和利益表达。因此，人民民主的第三个面向，就是代表选举连同协商政治。作为联盟共同体的民主，人民民主并不适用自由民主条件下的竞争性选举，因为西式自由竞争势必会导致联盟主体、联盟成员间因分歧而分裂以致对抗，而这显然会危及联盟共同体的安全和存续。这就决定了人民民主更多地要倾向于联盟内部协商一致的意见。不仅如此，联盟主体间彼此相互监督和制约、构建责任政府的模式也不同于自由民主的模式。在自由竞争条件下，监督自然是西方民主固有的内容。为了

能取而代之或为了能从中获得更多政治利益，致力于政治竞争的相
关主体当然会尽其可能地监督和牵制政党政府，政治竞争本身即成
其为政治监督的动力。不搞自由竞争，人民民主主要靠什么来确保
政府负起责任？一靠议行合一的政府体制依照法治原则实施刚性监
督，二靠独有的、独特的民主监督——共同体内部地位、关系平等
的政治盟友间的建议和批评，此种监督不具备权力刚性，是善意的
和建设性的，是依托协商政治而实现的监督。

二、中西两种政党制度的不同

当代中国的新型政党制度同西方传统政党制度有相通之处，
但也有广泛的不同。这些不同从根本上讲，是因为新型政党制度
是中国共产党领导的、服务于人民民主的、社会主义性质的政党
制度。与传统政党制度、旧式政党制度相比，中国的新型政党制
度是中国政治发展所特有的产物，是在中国社会相对独特的政治
生态中存续的制度，它也因而有其独具的政治价值、独创的运行
方式。

（一）从政治发展的角度来看

新型政党制度是新型政党所创制的政党制度，它是要致力于代
表全体、保障和促进中国特色社会主义政治发展，走融会中国共产
党领导、人民当家作主和依法治国的政治道路。这就不同于西方传
统政党、旧式政党制度的内生性以及其代表部分的属性，不同于西

方适应后工业社会要求、致力于巩固资产阶级统治秩序的政党制度。首先，从政党、政党制度生成及其本质来看，由于中国民主政治、政党政治起初是"党造政权"的缘故，当代中国的执政党——中国共产党自然是在旧体制外生成、致力于推翻旧体制和构建新民主的外造政党（革命政党），民主革命成功后它自然又成为建国政党。其实，不只是中国共产党，中国的各民主党派多少也都带有某些外造政党的特征。自从中国共产党领导中国革命走向新民主主义的方向、而民主党派也确定拥护和自觉接受其领导以来，所有这些全国性政党主观上都是有自觉、客观上也都是有条件来代表或反映中国人民（这个最广泛联盟共同体）整体利益的。这就不同于西方议会体制中的那些内生性政党。尽管都追求执政地位，也在执政或在野过程中"意欲代表整体"，但它们还是受制于西方民主的阶级本质，事实上只是、也只能是政商精英们操控政治的工具和手段，只是、也只能相对片面地代理社会上特定的阶级阶层或群体、集团的利益。其次，从其所处社会发展阶段特别是政治现代化的阶段性任务来看，当代中国新型政党制度面对的、要适应的是一个超大规模发展中社会，这个社会将长期以经济建设、经济发展为中心。至于政治上，这个社会则是要在积累条件的同时积极构建新型的民主政治，坚持走中国特色社会主义政治发展道路。当代西方政党制度则不是这样。它们要面对、要适应的，是西方各国自第二次世界大战后即已陆续定型的后工业社会。在这一发展阶段上，社会生活的主题、社会公众关注的重心早已是（所谓"后物质主义"的）如何提升自己生活的品质。

（二）从政治生态的角度看

中国政党制度首先是在一个有悠久大一统传统的发展中社会里驱动民主政治运转的现代政治制度。简单来说，大一统就是崇尚多元一体、一体多元的统一的价值与格局的意思。中国国家、中华民族能够历经几千年沧桑而不灭且依然能生机勃勃，关键就在于古今绝大多数的中国政治力量都钦服和推行、维护文化的和政治的大一统。时至今日，中国的新型政党制度仍然还是要批判地继承这个传统，以致力于维护基于政治现代进步的国家统一、民族团结。相形之下，西方政党制度则是在一种长期以来笃信个人主义自由主义价值、以原子化多元主义为结构特征的西方社会中，用来协调政党政治、实践民主政治的规范系统。在原子化多元社会中，不同的价值主体或利益群体自然分化、自由竞争，固然可能为更好满足个体或小群体的利益提供条件、创造空间，但这一切也完全可能因为缺乏大共同体的团结统一而沦为空想。其次，从各自政治生态所产生的条件制约来看，中国新型政党制度及其运转存在于一个转型社会当中，作为超大规模的发展中社会，它的政党政治实践及制度规范更多地还是要突出解决社会生产生活的效率问题，这也是社会现代化特别是政治现代化的应有之意。西方传统政党政治则普遍存在于发达社会、成熟的现代社会当中，相关政治实践与制度规范则更多关涉效率问题之后的平等问题——特别是形式平等而外的实质平等的问题，毕竟这也是资本主义的西方世界的老问题。最后，从政党制度各自所依托的政治体系、制度体系来看，中国新型政党制度在政治上组织上是依托了议行合一的民主集中制，在中国工人阶级、中国人民和中华民族先锋队领导下，在凝心聚力形成最广泛、最持久的爱国统一战线基础上，在新型政治体制下着力促进社会全面发展、巩固社会团结稳定。这就很好地对应了中国一体多元的社会和政治格局，既讲统一又兼顾多元，既有民主又有对内的纪律和对敌的专政，从而很好地体现了新型人民民主及其所服务的现代中国政治社会的共同体本位的特点和要求。西方传统政党制度则是依托了分权制衡、竞争主导的资产阶级民主，它也要同西方基本的多元化经济、社会和政治格局相一致，通过民选政治来推动政策博弈、形成政治均衡，通过在政治市场竞争、多头政治基础上形成的中短期联盟，来分配权力和瓜分利益。这样也就较好地体现了现代西方政治社会以权利为本位的基本特点、基本要求。

（三）从制度运行的角度来看

首先，现当代中国政党在组织行为上普遍带有因外造政党（革命政党）而传承下来的政治刚性，都非常重视上下统一的严密的党的组织体系和建制，尤其重视党的纪律的严明，以及党在意识形态上的高度一致，政党的组织动员和意识形态动员的能力也都先天地比较强大。西方政党中也有少数富于政治的和组织的刚性，但绝大多数还是比较松散、更多地强调党员或基层组织的权利而非党的高度组织纪律性。在从事政治竞争、政策博弈时，西方政党也会进行全党的动员。但此种动员在力度上、效果上，却往往只限于政策层面，而且更多的是要诉诸议题的创设和引领。其次，从政党如何与政权发生关系或曰从政党问政、执政的方式来看，中国新型政党制度主要是聚焦于党—国（政权）关系，政党政治在运作上更加侧重于政党间的协商合作和民主监督，而不是竞争选举、刚性监督。在西方，由于分权制衡的政治体制，政党政治、党政关系显然更加注重党—府（狭义的政府，行政系统）关系，无论单一的执政党，还是复合的执政联盟，都不可能像中国共产党那样全面掌握国家权力、全面领导社会生活。又由于联邦制、地方自治等国家形式、国家体制的关系，西方政党也不可能像中国共产党那样，能从中央到地方一竿子捅到底地来领导国家和社会生活。在西方政党政治的运行中，类似美国政党那样由民主党和共和党来分掌中央和地方权力，又或者是分掌立法和行政权力，甚至连国会两院权力也都分属于不同政党，这都是司空见惯的事。最后，就政党与政党的互动而言，现当代中国政党更加注重协商—合作，而非旨在促成政府周期性轮替的竞争性选举、刚性的政党监督。西方政党间的互动中也有围绕国家和公众根本利益的合作、协商，但它所关涉的领域、空间却相对有限，毕竟西方政党合作更多地也还是在选举竞争中结成伙伴关系，而此种关系能否缔结成功以及能够持续多久，也都取决于各政党在选举中所展现出来的政治实力。所以，西方政党互动常态化的、最基本的形态始终是多元竞争，以及因竞争而来的出于反对（甚至为了反对而反对）而非出于合作的刚性监督。此外，在政党与社会的互动过程中，在中国决定政党与政权关系、政党地位以及政党间相互关系的基础，即现当代中国政党政治运转的基础，是中国特色的党与人民的关系——党群关系。中国政党特别是执政党最重视党群关系。因为有最广泛、最坚实的群众基础和社会基础，所以中国执政党——中国共产党自然在群众中、在社会交往中具有强大的塑造能力、引领能力。相比较而言，西方在政党—社会关系上面更重契约关系，以致选举中分配给特定政党的选票和政治献金，也被视作政党与其选民缔结契约的凭证。由于事实上只是、而且也只能接受社会上特定主体或群体的委托而代理其权力／权利，所以绝大多数西方政党事实上都不可能全面领导国家。它们更多的是受政治市场上流动的选票和钞票的左右，因而也往往更容易深受利益集团、民粹运动的牵制和影响。

总之，西方旧式政党制度最强调政治市场、政党竞争，因为只有这样才能牵制国家政权及其政治导向，才能给全部的既得利益者留下足够的获利图利空间。至于中国新型政党制度，它则是最强调执政党的全面执政和长期执政。因为，中国这样的发展中社会最需要一个强大的领导党、执政党，来引领完成现代化和民族复兴的历史使命。现当代中国这样一种深藏于自身独特政党制度背后的价值选择，既合乎历史的理性，又具有政治的正当性。在中国，一党长期执政、多党合作和协商，其政治的正当性来自联盟共同体及其联盟成员的一致的价值共识、政治要求。中国人民在长期的革命、建设和改革进程中深切认识到，只有社会主义才能救中国、发展中国；同时深刻认识到，只有始终坚持和完善党的领导，才能坚定走中国特色社会主义道路。中国人民也因此而认同和接受自己的新型政党制度。至于这一政党制度的历史合理性，则要结合后发现代化国家实现社会转型和跨越式发展的现实需要来看。关于变革中的发展中社会，政治学家亨廷顿曾提出过这样一个"现代化的悖论"：一方面，现代化当然会给这些社会带来稳定——注意，这是现代化的结果；另一方面，这些社会的现代化本身却每时每刻都在滋生着动荡——注意，这是现代化的过程。这就比较难办了，发展中社会的停滞、不发展是不能为人民带来更多福祉的，这是不能为人们所接受的，所以必须发展；然而发展本身却往往导致政治的失序，甚至因政治动荡的关系反而会带来福祉与利益的减损，这也是难能为人们所接受的。那要怎么办？亨廷顿总结了一些成功国家的经验，从中得出一条具有规律性的结论：发展中国家的现代化须得有强大的政党政府来予以保障。当然，首先是要有一个强大的政党。因为，在那些传统政治制度或崩溃、或软弱、或根本不存在的政体中，政党的作用就迥异于那些生存于具有传统制度延续性的政体中的党。在发展中社会，政党构造和组织了广泛的政治参与，减少了由于政治意识和政治参与扩大而造成不安定的可能性，使得政治发展和政治现代化协调一致。同时，强大的政党可以以制度化的公共利益代替分裂的私人利益，可以成为联系各种社会力量和维系认同与忠诚的纽带，它有强大的政治吸纳作用、政治稳定作用，可以有利于抵御腐化、分裂、动荡和外部影响。强大的政党组织也是唯一能最终排除腐化型的或普力夺型的或群众型的社会动乱的选择。因此，政党也就不仅仅是个辅助性组织，而是合法性和权威性的源泉。① 在中国，一个有权威的政党，应当在继承本民族优秀文化传

---

① 参见 [美] 亨廷顿：《变化社会中的政治秩序》，王冠华等译，三联书店 1989 年版，第 85、366—380 页。

统的基础上，又有足够的智慧和力量去反思、去超越、去拥抱现代化、吸取人类文明的最新成果。不泥古、不急进，稳健地推进包括政治生活在内全部中国社会生活领域实现民族性与现代性的统一，这是中国政党获得广泛权威性和强大领导力的关键所在。我们中国人正是这样来想、这样来做的——确保中国共产党长期稳定、正确的领导，这是现当代中国能够创造出经济社会长期繁荣稳定奇迹的关键所在。

第五章　新型政党制度理论建构
与实践的中国思维

　　自发轫于英、美后，西方政党制度能得以广泛应用并传承至今，说明它在西方政治生活中是有效率、有活力的，是顺应了西方政治发展、政治演进潮流和规律的，是适合于西方社会生活、国家治理要求的。作为传统政党制度，它曾是先进的、有吸引力的，我们首先应正视这一点。当然也应看到，西方民主及其政党制度的适应性、进步性，得益于西方人早先成功融会了政治上的民族性与现代性，得益于近代以降西方文化的开放和包容。正因为积极吸纳、融会了一切人类文明的优秀成果，它才获得了超越、创新的活力，并一度成为学习或借鉴的对象。批判、融会和超越，兼及现代性、民族性，这也是中国政党制度相关理论和实践要努力去做的事。不承继本民族传统，不批判地吸收西方经验，不融会创新以适应现代化要求，就不会有新型政党制度。接续和超越，这是新型政党制度的活力之源，也是它的历史宿命。为此，就新型政党制度相关的理论建构和实践展开而言，它首先就应当充分借鉴此前人类各种良政善治特别是现代民主、政党政治的长处；其次，它也应在深刻把握到它们固有的不足的基础上，客观冷静地加以反思、予以应对，做到有则改之、无则加勉。此外，不光要得益于后发优势，中国要建构、适用一种新型的政党制度，还得益于立足中华优秀文明返本开新的无限潜力、广阔空间。在吸收人类政治文明先进成果、剔除专制主义遗毒的基础上，传统中华政治文明、政治智慧自然会走向成熟、走向现代化，自然能实现创造性转换并焕发出勃勃生机，不仅能推动当代中国政治发展，也能镜鉴别国政治的现实问题，并能相应提供经验、启发思路。在 20、21 前后两个世纪开始的时候，人们两次发现：西方政治生活中的确有些"因自然习成而自病不觉"的问题。这些问题若用东方的、中国的视角来做思考，恐怕其结论会更通透、更中肯，也更容易得出一些富于建设性的新思路、新方案。况且，中国人思维当中长期崇尚的一些价值，也不失为克制、矫正西方政治缺憾与弊端的良方。当然，对于反思超越和融会创新的要求并不是单方面的、只相对于西方人的。自近代以至于今天，我们中国人实际上也是这样做的，未来还得继续这样做下去。

一、政党与国家：对大一统传统的传承和创新

前面提及，从古及今中国政治生活中有一对范畴一直都极为关键，这就是"一"与"多"。政治生活、政治制度总会面对一体与多元的对立统一关系。在现当代中国政治生活中，"一"与"多"的关系应当得到很好的制度表达，它们理应有更多的统一性而非对抗性。基于长期政治惯性，也因为植根于中国长期的大一统传承，

现当代中国适宜形成、维持这样一种独具自身特质的政党制度：它应当也必须有集中统一的领导，但又不能重复各种独断、专制的一党制；它应当有多元化、多样性的参与主体，政党政府也有应当有来自不同政党的异体监督，却又不能是西方式轮流坐庄、普遍竞争的多党制。这样的政党制度，就要结合我国民族政治的根性以及现代治理的现实要求来认真考虑。

（一）大一统在中国传统政治中的地位和作用

长期以来，在中国人的集体记忆中，大一统与专制政治有太多、太紧密的关联，它甚至直接被界定为、等同于暴秦政治。但是，在对中华传统文明认识更加深入的今天，我们还是要对它进行重新认识，它里面也有积极的一方面、有弥足珍贵的价值。所谓"白沙在涅，与之俱黑"①。对此，先贤们其实很早就已经意识到并做过深刻反思了。作为今人，我们更理性、识见更高远，也就更应努力廓清历史迷雾，更客观、全面地来看待这一传统价值。

大一统思想最早缘起于《春秋》经中的一句"元年春，王正月"。孔子作《春秋》的特别是微言大义，这句话所隐含的道理经过后世思想家们不断挖掘、充实后，形成了完善的体系并终于在汉代成为显学。具体言之，大一统的"大"，是崇尚的意思；"统"，是"总"、"纪"之意，也有起始之意；"一"则意味着开始、根本以及天地人的秩序。整体来看，大一统就是慎初、慎始，以及推重和崇尚天

---

① 《荀子·劝学》。

地人归一的伦理秩序。《春秋》何以要强调"王正月"呢？古人为什么要如此这般地慎初、慎始呢？关于"王正月"，《春秋公羊传》是这样解读的：元年者何？君之始年也。春者何？岁之始也，王者孰谓？谓文王也。曷为先言"王"而后言"正月"？王正月也。何言乎王正月？大一统也。① 王正月即是为了大一统。对此，何休在其《解诂》中给出了更详尽的阐释：统者，始也，总系之辞。夫王者始受命改制，布政施教于天下，自公侯至于庶人，自山川至于草木昆虫，莫不一一系于正月，故云政教之始。政，莫大于正始……故先言正月而后言即位；政不由王出则不得为政，故先言王而后言正月也；王者不承天以制号令则无法，故先言春而后言王；天不深正其元则不能成其化，故先言元而后言春。五者同日并见，相须成体，乃天人之大本，万物之所系，不可不察也。② 简言之，天地间的自然法始于一而归于一，万事万物都在遵循此法，人世间的规矩当然也应按照这一上天的意旨来，特别是王者的统治、教化则更是要以此为根本。否则，政治将无道义可言，人类恐将禽兽不如。

以此种相对纯粹的原初意蕴为基础，大一统又被追加了"大统一"的意思。董仲舒在这方面应是始作俑者。在应答汉武帝的策对中，他这样讲：《春秋》大一统者，天地之常经，古今之通谊也。今师异道，人异论，百家殊方，指意不同，是以上亡以持一统；法制数变，下不知所守。臣愚以为诸不在六艺之科孔子之术者，皆绝其道，勿使并进。邪辟之说灭息，然后统纪可一而法度可明，民知

---

① 《春秋公羊传·隐公元年》。

② 《春秋公羊传注疏》（卷一·徐彦疏）。

所从矣。①董仲舒这些话一开始并没有偏离此前大一统语词的原意，但他独尊君权与儒术的主张却无意间开启了将大一统制度化为全方位"大统一"的滥觞——当然，董仲舒仍然没有忘记搞出一个天谴说来牵制君权，也为后世儒家从道不从君的理念做了背书。汉代以降，大一统就既是形上的道统，又是形下的政统。大一统的形上秩序落定为天道和王道。天道其实就是中国人的自然法则。王者必须行王道统治才有正当性，而王道又出乎天道，它要沟通天地人、要顺天应人，为此即便王者也不能挑战和违背自然与人伦相统一的普遍秩序（否则会遭天谴）；其形上秩序则落实为形下的规范和制度，如中央集权的皇帝制、郡县制，三省六部制、监察制、科举制，乡绅制等。秦汉时期大一统秩序初步奠基，至隋唐之际得以恢复和重建后更具包容性、体系更为完善，在深度和广度、气象和格局上都是空前的。及至宋元明清，随着北方民族的新近融入，中华民族多元一体的面貌越来越明晰，中国政权中央集权的格局也越来越稳定。两千多年来，大一统留给中国人丰厚的政治遗产，它也成为中华政治文明的底色、成为中华民族精神的支柱。

大一统维系了中国社会、中华民族整体的存续和发展。在辽阔的疆域、众多的族群中共有大一统的政治伦理体系，这是各民族交流交往、不断融会的内在动力，也是尽管有聚分离合但中华民族亡不了、打不散，始终保持强大凝聚力、旺盛生命力的根本保障。大一统思想和制度体系深刻影响了中国的国家建构和政治

---

① 《汉书·董仲舒传》。

实践。大一统思想解决了政治道义、政治认同的问题，其相关制度设计和实践的确找到了实现家国天下、多元一体的可靠路径。它一方面强调中央权威的确立是政治生活的关键，另一方面又对地域性政治和文化等差异持宽容态度、不强求千篇一律，因而得以在思想上塑造和传承了中华民族、中国人民共同的心理特质，在政制上聚合了中华政治共同体、锻造了较早具备现代气质的强大国家，同时开拓了一片广袤的国土、为中华儿女的生存发展提供了充裕的空间和丰富的资源。正是从这个意义上讲，大一统不惟不全是坏东西，它更是中国国家强盛、民生幸福的政治基石。也正是从这个意义上，在同美国前总统奥巴马深谈时，习近平才强调指出，历史多次证明，只要中国维持大一统的局面，国家就能够强盛、安宁、稳定，人民就会幸福安康。一旦国家混乱，就会陷入分裂。老百姓的灾难最惨重。①

在现实政治生活中怎样做得到呢？一方面，我们还是得继续传承大一统的优良传统。我们必须充分意识到，中华民族并非西方通常意义上可以走向"一族一国"的"民族"或"族群"——ethnic group，中国国家亦非西方寻常意义上的"民族国家"——nation-state。中华民族更多的是指向一种文明、强调对这种文明的认同。此种文明是开放的和共建、共享的，所谓"进则为华夏、退则为夷狄"，一进一退之间彰显的是文明共同体的价值而非人种、族群等狭义的标准。由此，中国国家也是一种相对独特的文明型国家，它

---

① 《习近平：中国在民意方面比西方国家追求得更多》，《京华时报》2014年11月15日。

向来就是文明融会、族群融合的政治依托和历史手段，而非文明分疏、族群分争的政治工具和历史后果。基于这一认识，我们就应看到，辛亥革命以来直至今天，东方专制、君主集权在中国走向末路，并不意味着中国社会及中国政治对于秩序、稳定和统一这三种政治价值的放弃，不意味着中国政治演进中统一相对于分裂而言总是越来越强这一历史趋势的逆转，不意味着一体多元和共同体至上这一政治原则在中国政治生活中的终结。所以，大一统仍是现代中华民族成长、中国国家建构的历史起点和现实基础。另一方面，我们更应深刻认识到，未经反思和重构的大一统理念、传统还是极大地制约了中国现代国家的政体建构。想着只是用旧制度的瓦砾来建构新制度的大厦，这也是不可能的。返本还必须开新，大一统必须现代化、必须融入现代元素。

（二）新型政党制度之于大一统的现代发展

政党制度与政体也就是政权组织运转的模式息息相关。政体、政权模式固有其人为建构的一面，但更多地还是要从历史中生长出来，它有其灵魂——"法的精神"。此种精神既客观上决定国家制度，又为人的主观认识所反映。不同的活法会形成不同的"法的精神"，以及不同的政制。中国人对于个体—共同体关系的看法迥异于西方，在处理权力—权利关系、国家—社会关系上的思路自然也不同。中国人认为国家与社会是可以合作、趋于融合的，是要统一于大一统秩序的。中国"法的精神"决定的国家生成、演进的中国路径，是小共同体不断融入大共同体、进而形成超大规模文明型国家。由此，中国国家的政治秉性就是不断聚合而非惯性的分化。否则，"法的精神"一旦死亡，中国也将不复存在。概言之，完全放弃大一统是不行的，这是在背弃历史的责任。我们的近代民主革命先贤曾一度狭隘地想要建立汉人国家，但还是很快转向了五族共和、民族统一。重建专制独裁的大一统也是不行的，这样做等同于违背时代的潮流。北洋军阀、国民党反动派都想恢复它，他们也都被历史淘汰了。面对现代化挑战，中国人要建构现代国家、现代秩序，还得继续遵循这样的秩序精神、政治秉性。作为现代政党、建国政党，要履行其"党造国家"的使命，中国共产党一方面必须尊重、推重大一统传统，另一方面又必须以自身努力为其重塑现代形态——其中首要的就是新型政党制度。

新型政党制度与大一统是个什么关系呢？首先，大一统的积极的历史秉性决定了中国新型政党、政党制度的生成。中国人满腔热血和前赴后继地搞革命、建政党、造政权，中国会出现共产党这样的先进政党、民主党派这样的进步政党，而它们之所以又能最终走到一起、亲密无间，都是因为要救国救民，是为了在危难中捍卫独立自由、国家统一，也就是为了要维护中华民族的一统。其次，以中国共产党为代表的新型政党给大一统赋予了新的现代性内涵。它要以中央集权的社会主义国家形式体现出来，而其本质则是中国人民、中华民族的向心团结。在当代中国，中国人民、中华民族是同构的，两者都是中国共产党领导的最广泛政治联盟。中国共产党以工人阶级、工农联盟为阶级基础，以中国人民、中华民族为自己的社会基础，代表这个社会基础，以其先进性、代表性赢得信服并全心全意服务于这个社会基础。中国的各个民主党派也都是各自所联系的一部分社会主义劳动者、建设者和拥护社会主义的爱国者的政治联盟。作为中国共产党重要的政治盟友，它们也要全面反映来自社会方方面面的意见和声音，和中国共产党一起致力于民族团结、国家统一。一个有领导的、坚定自觉走中国特色社会道路的统一团结的现代民主国家，这就是我们大一统传统的现代形态，它是中华政治固有秉性、传统同科学社会主义和现代民主熔于一炉的产物。最后，新型政党制度决定了当代中国政治体系的建构。现代政党制度客观上要求中国政治形成和维护一种一体多元、向心持久的政治团结，要求各联盟主体间应形成和维持一种和合和谐的而非竞争、排异的关系。由此，无论是在当代中国各政党内部，还是在国家组织和运行的各方面、社会生活的各领域，都要充分体现如下基本精神：坚持中国共产党领导，坚持走中国特色社会主义道路，一切从公益出发，平衡好个人、集体与国家关系，既保障人的自由与发展，又维护民族团结、国家统一。由此，"议要多元、行要统一"的政治生活原则、政权组织原则也就成了必然选择。遵循此原则，中国共产党赢得了民主革命战争的胜利；遵循此原则，新政协完成了协商建政的历史伟业；遵循此原则，现当代中国各项政治制度才得以产生和确立起来、才能长期良性运转下去。

概言之，新型政党制度将自身所融会、创造和充分体现的大一统根魂注入现当代中国的根本制度、基本制度，并以此为主线索贯穿了它们运转及发展完善的全过程。正是在这个意义上，新型政党制度才关乎国本，被视作"我国政治格局稳定的重要制度保证"①。

（三）新型政党制度之于新型的民主形式、新型的执政方式

在大一统解构和重构的历史过程中，中国的新型政党制度与新型民主自当是同步、互构的。由于人民政权、人民民主是联盟的政权和联盟的民主，所以它的实现方式当然得要合乎联盟的特点和需要。政治联盟的本质系于平等、协商与合作。联盟内部不存在也不能存在压迫性关系。政治联盟主体相互间不能靠压服，否则联盟就只能是虚假的或是无以为继的共同体。联盟当然要有领导者、有合作者，领导者当然要有足够的权威，能赢得合作者信赖，能制定正确的路线方针政策引领合作者共同前进；相对于领导者，合作者应当有自主的权利、平等的地位，此种地位是否受到尊重，此种权利是否得以实现，既关乎合作者自身利益又关乎共同体的整体利益。那么，联盟、合作者能接受的权威是一种怎样的权威呢？它应当、也只能是基于成功说服的权威，即领导者只能在协商、说服的基础上执掌联盟权力，让所有盟友、合作者都基于其自觉的意愿来服从其领导。在中国，此种权威应有如下基本特征：首先，它出于平等协商，各方面联盟主体都能够自主、全面地实现利益表达或意见表达；其次，它要致力于多元力量向心凝聚，以统一的政治共识或各方面接受的路线、方针、政策作为联盟整合的结果；它要形成联盟共享的合理集权，不能出现盟友争权夺利的局面；最后，联盟及其

---

① 《习近平总书记系列重要讲话读本》，学习出版社、人民出版社2016年版，第167页。

领导者得有足够能力和权力对离心、分裂因素加以有效遏制或剥离。在当代中国，谁能有这样的权威？中国共产党。它又如何能实现这样的权威？通过"议要多元、行要统一"的民主集中制。现代一统、民主集中自会推动中国政党结成新型政党关系，携手发展中国特色社会主义选举民主、协商民主，充分调动和发挥人民群众积极性、主动性和创造性，共同铸造和维护走中国特色社会主义道路的政治共识，共同为中国人民谋福祉、为中华民族谋复兴，这本就是我国新型民主、新型政党政治实践的基本要求。

现代一统、民主集中相关实践本身会形成中国独特的民主实现方式。民主集中制是民主的，又是集中的，是在民主基础上的集中，又是在集中指导下的民主，^①它"尊重多数，保护少数"，既反对无政府主义的"大民主"，也反对把个人意志凌驾于集体之上，最能够充分保障人民主权的至上性、统一性和完整性。在中国，民主集中最初是中国共产党党内生活的原则，后来逐渐成为政权建设、政治生活的主导原则。革命战争年代，民主集中是中国共产党自身成为钢铁一般革命力量的关键所在，是中国一切革命进步力量或中国人民能组织起来、结成联盟并战胜一切敌人的关键所在。在中国这样超大规模发展中国家搞现代化、搞社会主义建设，更是离不开民主集中。民主集中最合乎中国特色政治联盟的需要，早已成为新型民主不可或缺的工具和手段。依托民主集中来实现的新型民主在运行上主要包括两个方面：一是践行"议行合一"的选举民主、人

---

① 《毛泽东选集》第3卷，人民出版社1991年版，第1057页。

民代表大会政治，二是践行"共识政治"的协商民主、社会主义协商政治。我国选举民主是要组织、建设和运行中国特色社会主义的国家政权，而协商民主则是要在价值导向上、在政治过程中更进一步确保国家政权的联盟属性——"商量政府"的特质，确保新型民主政权不重蹈传统民主异化、脱离人民控制的覆辙。中国式民主过程的基本特点就是民主集中。民主集中当然得有选举，否则人民就没有了决定权；民主集中当然得有协商，否则人民就没有了参与权；选举民主、协商民主当然不应复制西方精英垄断的模式，否则也就没有了人民当家作主。概言之，民主集中与当代中国的选举民主、协商民主其实是同一位阶的东西，它们直接统一且水乳交融，共同滋养着人民共和的现代民主政治。为此，中国共产党、各民主党派、各类政治力量及其政治组织无论是自己内部，还是彼此一起在更广泛的联盟共同体当中，都普遍地遵循现代一统的民主集中制。

新型执政方式自然也与新型政党制度发生直接关联。中国共产党新型的执政方式就是一党执政、协商治理。现当代中国的一党执政不应是传统意义上的一党制、一党独裁，而不同政党之间的关系也不应是西方意义上的多党制、执政联盟。我们在前文已经讨论过现当代中国政党政治的基本格局和特点，它们就同"一体多元"大一统的社会构成和政治格局直接相关，也直接对应了中国新型民主的联盟性质及其内在要求。作为唯一的领导党，中国共产党全面领导国家和社会生活，包括领导统一战线和其他党派，这样的政治领导在西方是难以想象的。中国新型民主要求实现和坚持党的领导、人民当家作主和依法治国的统一。这三方面并非彼此孤立，而是互为条件的——其中党的领导始终是要以人民当家作主和依法治国为基础的。至于来自其他政党主体、政治主体的政治参与和民主监督，则是要确保党的领导始终服务于人民当家作主、始终在宪法和法律的范围内活动。为此，我国宪法和法律以及相关政治安排就应当赋予执政党之外其他政党、政治主体参加政权和参与政治的广泛权利和空间。作为唯一的执政党，中国共产党全面执政——统一领导立法、行政和司法，这在西方也是根本不可能的。执掌这么大的权力，就必须做到民主执政、科学执政、依法执政。要做到这一点，自然也就应始终同其政治盟友们保持协商合作关系，借重他们的参政议政，接受他们的民主监督。所以无论是执政、参政，都得呈现为双向互动、持续沟通、平等对话，都得导向协商民主与现代治理的紧密衔接、共识政治与集中领导的有机融会。这是理性的政治过程、合理的体制安排。概言之，中国新型政党制度是要努力形成一种现代的、向心团结的政治结构或执政模式，形成民主政治、政党政治的中国方案和中国经验。

二、政党与社会：对公天下理想的坚守和实现

政党、政党政治自身的定位总是在国家与社会之间游移。从政治伦理的角度来讲，政党的枝蔓虽伸进国家政权，但其根系却应在社会当中，它们应当代表社会、代表公众。理论上讲，政党总应当是为公的而不应是为私的。然而，并非所有政党都能较好地做到这

一点。中国政党、政党制度主观上是要根本杜绝任何结党营私的可能的。其实，深受中华优秀政治传统熏陶的中国人民，也绝对不会允许政党从根本上背离社会公众、弃守天下为公的政治理想。

（一）天下为公：中国人魂牵梦绕、念兹在兹的千年政治理想

我们讲大一统时曾提及"孔家店"与早期儒家的差异，也提及其性质关乎公天下还是私天下的问题。对此，可能有朋友想了解得更清楚些，那我们就不妨讲得更细一点。早期儒家是"祖述尧舜，宪章文武"①的，孔子、孟子的思想也是一贯的：如果君王不守封建的规范、不讲仁政甚至戕贼万民，那么即便孔子也会隐晦地同情赵盾的弑君；而到了孟子，他就已经毫无忌讳、直接地大讲特讲其"闻诛一夫纣"的理念了。在这里，孔孟思想的初衷其实是非常直白的：王者即便尊贵如天子，也还得要听从天命，就像臣民要服从君王一样。否则，对于老天而言，不听话、不从天命的君王也就离乱臣贼子不远了。这样的一种想法，一直到了董仲舒那里也还都是比较明确的。董仲舒是更主张尊崇君权的。但即便如此，他还是要千方百计地炮制出一个天人感应论来，为限制、牵制君权的"天谴"说制造合法性／正当性的依据。其实，早期儒家的这些念头，都涉及了天下的内涵，涉及了天下究竟是谁人之天下的问题。

在古代中国，天下不仅是一个经验的时空概念，也是一个建构

---

① 《礼记·中庸》。

的政治概念。"天下"字样较早出现在《尚书》中。中国古之"天下"约略是一种终极唯一的存在，它在时间上最为长远，在空间上最为广延——凡天之所覆、地之所载、海之所浮者，皆属天下。天下首先意味着天命所作用到的时空。而对于此种天命、天意，人们是可以通过"近取诸身，远取诸物"来体悟到的。自文明伊始，王者、王道之治都是顺自然和尊天命的，黄帝、唐尧、虞舜之于天下也都是承天命而垂裳治的。①进一步讲，天下即上古的"光天之下"及其自然状态、自然法则和相关秩序——"公"是它的基本特点："大道之行也，天下为公，选贤与能，讲信修睦。故人不独亲其亲，不独子其子，使老有所终，壮有所用，幼有所长，鳏寡孤独废疾者皆有所养，男有分，女有归。货恶其弃于地也，不必藏于己；力恶其不出于身也，不必为己。是故谋闭而不兴，盗窃乱贼而不作，故外户而不闭。是谓大同。"②正因为"公"深入人心，所以中国才会有

> **知·识·链·接**
>
> 孔子、孟子的政治思想中都有否定或反对暴政的民本取向。《孟子·梁惠王下》载，面对齐宣王关于商汤放桀、周武伐纣以及臣子可否弑君的提问，孟子答曰："贼仁者谓之贼，贼义者谓之残，残贼之人，谓之一夫。闻诛一夫纣矣，未闻弑君也。"概言之，在孟子看来，暴君是独夫民贼，诛杀他们并不算弑君。

① 《易·系辞下传》。
② 《礼记·礼运》。

尧、舜的"让天下"的千年传说——权力的并非私相授受的"禅让"。天下又是一个不断建构的、家国以上的更广泛的政治共同体。它由多种地理元素、民族构成、文化品类和治理体制构成，聚合了异质的"九族"、"百姓"、"兆民"、"万邦"、"四方"等，呈现为一种无确定边界、多民族和大规模的共在形态。经过对三代以来部落联盟"共主"制的改进，天下秩序在周代初步落定为"封建天下"；及至秦、汉，它又形变为"郡县天下"。但相对于三代以前，三代以降无论"封建天下"、"郡县天下"其实都已是家天下以至于私天下了。家天下，就是《礼记·礼运》篇紧随"大同"之后的"人各亲其亲，各子其子"的"小康"了。① 但即便此种较之"大同"已退了一大步的"小康"，还是要求"天下为家"的君王们遵天命、行仁义（即周代的政治天条"敬德保民"）。周人讲"皇天无亲，惟德是辅"②，"民之所欲，天必从之"，"天视自我民视，天听自我民听"③，敬德保民才是奉天、才能承运，其实质导向还是天下为公。到了孔子，他讲夏商周"损益可知"，且其本人是"吾从周"的，当然也少不了将公天下视为政治的核心价值。正是在这里，早期儒家完成了自己理论上的闭合，也因此反映和明确了古代中国公天下思想的至上性、正统性和一贯性。

中国老百姓也一直都将公天下视为自己的梦想。西周晚期公元前841年，发生了中国历史上的一件大事——国人暴动。独断谋私

---

① 《礼记·礼运》。
② 《尚书·蔡仲之命》。
③ 《尚书·泰誓》。

的周厉王不喜欢多样的声音，行暴政使人道路以目还颇为自得，以为终"能止谤矣"，结果暴动起来，自己被赶到彘这个地方。暴动后，中国出现了历史上的第一个（贵族）共和政权。关于这个政权，无论说它是周召共和，还是共伯和行天子事，都成为流传后世的一种政治象征、历史教训——公天下者天下归心，私天下者民心丧尽。此后历朝历代"天下者非一人之天下"信条都会被反复重申；而且几乎每一次的抗暴、起义和革命也都会打出诸如"等贵贱"、"均贫富"的旗帜。相形之下，历代君王即便任性、强横，面对如此执着的民意，也终于徒然无可奈何。人们较多地看到，皇帝、权贵们即便真是存有私天下之心，表面上也不得不利用公天下的招牌。而且还得小心翼翼，谨防露出马脚、被人识破并因而招来覆亡之祸。权力或可以垄断，但它本是天下公器，任凭是谁也不能以权谋私、荼毒苍生，这就是历史上中国老百姓的政治底线。而在这条底线的不远处，便是民心向背——中国千年一贯最根本的政治问题。一语以蔽之，中国之天下总在于民心，中国之天下终究是人民之天下。

（二）社会主义：中国完成现代转型、实现民主政治的最本质要求

中国人是天然的社会主义者。社会主义起初就是建立在反思、批判原始资本主义基础之上的，是作为其不自由、不平等的对立面而存在的。中国人始终向往自由、平等，始终想望"等贵贱、均贫富"，"天下为公"，自然就会对社会主义倍感亲切。马克思主义、科学社会主义虽是西方文明之树上结出的果实，但对于远在东方的

中国人而言，它与自己的千年理想——公天下却是所见略同、不谋而合的。一方面，人类对美好社会的理想总是相通的。在古代东方，中国人形成了天下为公的大同思想；在古代西方，希腊文明有申明公道、正义和德性的《理想国》，希伯来—基督教文明也形成了主张公正、平等和幸福的"千年王国"理想。这些理想一致地强调伦理在社会政治生活中的优先性与支配性，同样地突出伦理生活与政治生活原则的同一性，也都触及对于权力、利益的复杂分配，并将之纳入基于伦理要求、道德想望的简约"框架"中，继而也都在各自文明的后续发展中绵延不绝。另一方面，社会主义能满足中国变革与发展的现实需要。近代中国社会的关键任务，是找出切实可行、最切合中国文化特质要求的现代化道路。面对一度被指有"利己杀人、寡言廉耻"积弊的西方资本主义，人们发现社会主义思想、传统大同理想是内在契合的。1899 年，梁启超就曾用阶级斗争理论重新阐发其师康有为所谓"据乱—升平—太平"的"三世说"。1904 年，他又有了新认识：社会主义者，近百年来世界之特产物也，粜括其最要之义，不过曰土地归公，资本归公，专以劳力为百物价值之源泉。他还指出，社会主义的价值实为"中国固夙有之"①。梁启超还认为中国最先提倡社会主义的是孙中山。同盟会成立之初，孙中山确曾把民生主义直接等同于社会主义，也的确是把自己领导的革命当成世界社会主义革命的一部分。1912年 10 月在社会党上海市党部的演讲中，他更是全面介绍了社会主

---

① 《梁启超全集》，北京出版社 1999 年版，第 392 页。

义各流派，批判了均产的、空想的社会主义和无政府主义，以鲜明态度评述了马克思和科学社会主义，视其为最上乘、最适于中国的社会主义。

不只精英分子，大多数中国人几乎都毫不犹豫地接受了马克思主义及其科学社会主义。在走向现代转型的关键时刻，面对现代性与民族性矛盾如何把握的重大抉择，在马克思主义、科学社会主义指引下，中国人终于弄懂了大同在古代中国为什么是一种梦想、总是可望不可及，最终确认了大同在中国是可以实现、也最终能够实现的。此外，中国人也更加看清楚了原始积累资本主义阴暗的本质和前途，从而彻底放弃了"全盘西化"的想法。就这样，在文明交流融会中，只有那些符合本民族固有特质及需要的东西，才在中国落了地、生了根。至于那些不合中国文明发展需要的东西，则往往难以移植成功或有实际效率。文明根性决定了中国不会像西方一样，去推崇原子式个人主义以及自由主义的政治架构、资本主义的社会价值。社会主义本质上是要解放生产力，发展生产力，消灭剥削，消除两极分化，最终达到共同富裕，这才是中国价值、中国选择，才适应了中国文化自身的延续性和发展逻辑。中国共产党的成立及其后续在中国领导构建现代国家的不断成功，标志着中国人把马克思主义中国化、把科学社会主义与中国国情相结合的努力取得了突破性成就，也充分证明了中国特色社会主义是救中国、发展中国的唯一的路径选择。

中国共产党领导中国人民搞社会主义，把它搞好，这就抓住了马克思主义让普罗大众得自由、过上好日子的核心要义，抓住了中国人民得解放、做主人的千年梦想，同时找到了在革命和建设中可依靠的现实力量、可团结的政治盟友。没有民主就没有社会主义。中国共产党是通过民主赢得依靠力量、政治盟友的，也应走真正实现天下为公理想的现实道路。因为要天下为公、要民主天下，所以中国共产党就要始终全方位贯彻群众路线，始终把全心全意为人民服务当作根本宗旨。为人民服务这五个字太重要了，它凝炼了数千年中国政治得失成败的根本，是基于中国人民政治理想、政治意志的政治自觉，也应是指导当代中国政党政治、政府政治的活的灵魂。当代中国最基本的两个规范性、宪制性文件——《中华人民共和国宪法》、《中国共产党章程》都把它铭刻在内。由此，中国政党政治、政党制度本质上就应当是社会主义性质的、就应当忠实地继承和实践天下为公的理念。

（三）代表政治[①]：政党反映民意、服务人民当家作主的中国模式

尽管出于选票最大化考虑也不大愿意这么做，但西方政党的确可以公开讲自己就是代表部分的，对此西方人也是可以理解或接受的。而在中国，很少有哪个党敢于这么做。因为在中国人看来，代表部分、从部分或少数出发，这就是结党营私。受制于文明根性、

---

① 代议政治有广义和狭义的理解。狭义的代议政治即西方模式的代议政治、议会民主政治。广义的代议政治则指所有由公民通过选举代表组成政府行使国家权力的政治，其中当然包括新型的代议制——中国的人民代表大会制。为便于分析比较，本书将中国代表制、西方代议制并列讨论，因此基本上是从狭义而非广义上来理解代议政治的。——作者注

政治惯性，中国政党其实很难像西方政党那样依托代议制、政治市场竞争来表达民意。在政治逻辑不通的条件下即便勉强模仿，也会搞得不伦不类。在新型民主政制、政党制度所确立的框架下，我们的民意表达、政权建构应依托一种社会主义的创制——代表制。此种代表制从源头上就不同于现当代西式代议制——它基本上是由英美革命而来的。中国民主革命及其后的制度建构同法国革命模式特别是巴黎公社革命的精神渊源更深。法国革命及政治实践深受卢梭思想影响。卢梭不认为民意可代表，所以大革命时法国人对代表的理解也更加强调"强制性传达—代表"（Delegate），它要求代表民意的人务必得原汁原味、原原本本反映民众意见，且在代表过程中若无授权亦不得自行其是。这就不同于英美式"自主性代理—代表"，一种接受委托代理民意、可以全权替委托人做决定的代理型代表（Represent）。"强制性传达—代表"在巴黎公社建政实践中得到进一步实践，成为后世社会主义国家议行合一体制、新型代议政治的直接源头。马克思曾总结了巴黎公社政权建设如下的特点、原则：代表必须由各区人民以普选方式产生；代表必须对选民负责、向选民报告；选民若不满意其工作，可随时撤换他们；代表只领取相当于工人工资的薪金；不允许国家官吏享有特权；代表在工作中必须严格遵守选民的"确切训令"。[①] 这些原则集中指向这样的根本目的：确保劳动人民真正当家做主人，确保代表、官员始终是人民公仆。巴黎公社精神正是当代中国民主所推崇的精神。中国人理应

---

① 参见《马克思恩格斯全集》第17卷，人民出版社1963年版，第355—361页。

修正这些原则中可能包含的"大民主"民粹成分的东西，以及一些并不现实的东西，同时将本民族天下为公、选贤任能等传统元素融入进去，创制出中国特色的代表政治。

通过代表政治的诸多安排，中国共产党等现代政党就应当分别与人民群众、国家政权发生关系，通过在人民代表大会及其他国家政权机关中、在与民主政治实践相关的一切制度和一切领域中、在各种政治经济社会和文化组织生活中，去一贯地和忠实地反映最广大人民群众的政治意志。当然，其中最根本的，还是代表制及其相关实践。必须使人民代表大会制度成为根本的政治制度，使中国人民可以通过各级人民代表大会行使国家权力。各级人大都应由民主选举产生，都得对人民负责并受其监督。中国共产党及各民主党派都能够推荐自己的成员通过提名、选举进入各级人大。人民代表大会应当是一元化、一院制的权力机关，实行议行合一体制，享有最广泛的权力（而非西式的有限权力），一切行政、司法和监察机关都得由它产生并得向其负责、受其监督。中国共产党要通过自己在人大机关中的党组，来直接领导和推动人大工作。人民代表大会运转过程中不应存在西方式的党团活动，这样才能根本避免政客操纵和政党恶性竞争的可能。其实，中国特色的代表政治主要是、但不限于人大及其实践；中国的人民代表也主要是、但不限于人大代表。中国式人民代表不同于西方议员的关键处在于：（1）非职业化导向。人民代表普遍生活、工作在人民群众中间，直接联系人民群众，人民群众可以随时撤换他们；他们也不可以像西方议员那样替民做主，而要反映人民切实的要求、真正的意志。（2）中国式选举。

中国的选举理应是又"选"又"举"——既选英才又举贤才，而非代议制下的"election"——更侧重于选出人来。中国的选举中应有协商的成分——实际上按中国法律规定，选民要"酝酿"产生候选人，这个酝酿既有直接提名又有品鉴拟被提名人选能力、德行之意。（3）代表的超越性。代表应当也必须始终着眼长远根本的人民利益，应当也必须超越阶级阶层集团的藩篱。由此，中国的人民代表在议事过程中主要是表达人民群众对于相关决策"拥护不拥护"、"赞成不赞成"、"高兴不高兴"、"答应不答应"，而不会像西方议员那样更多地专注于政策博弈。（4）代表的复合性。人民代表的主体是多元化的，不仅人大代表，各级政府、各级人民政协，各个政党及其组织、干部等，也都应在一定范围内以某种特定的方式来代表和反映民意，这样呈现出来的民意更丰富具体，也更全面、生动和立体化，才能更直接贴近人民群众的生产和生活。

代表政治就是协商的政治、与民共治的政治。我们清楚地知道选举对于民主而言是必要的，然而选举却又并非就是民主政治、代表政治的全部。中国特色代表政治仍应珍视、坚守让人民当家作主和直接参与治理的理想——这其实也是马克思主义者的理想。不应简单认为仅依托选举竞争、搞西式代议制就能在中国实现人民群众认同和满意的民主。这是因为，"人民只有投票的权利而没有广泛参与的权利，人民只有在投票时被唤醒、投票后就进入休眠期，这样的民主是形式主义的。"[①] 在中国，由于商量政府、商量政治的存

---

① 习近平：《在庆祝人民政协会议成立 65 周年大会上讲话》，见《十八大以来重要文献选编》（中），中央文献出版社 2016 年版，第 74 页。

在，代表政治同协商民主应当是相得益彰、水乳交融的。在现当代中国，代表政治要有鲜明的协商性质，协商政治也当有其充分的代表性。在此种政治安排、实践中，中国共产党无疑处于政治头脑、政治枢纽地位。作为体制的建构者，它得不断地坚持和完善它并推动其顺畅、高效地运转；作为代表政治的重要政治主体，它得在政治生活的所有领域和全部过程中准确地反映、高效地整合、充分地敬畏和尊重民意，始终以人民为中心、始终为人民服务。代表政治赋予党和政府最大的但非绝对的权力。执政党及其成员权力越大，担当的责任越大，但就是不能以权谋私、化公权为私有。原因很简单，老百姓相信你为公，所以才会放心把权力交给你。你谋私了，也就没资格再掌权了。所以，一方面，党和政府就要对民意舆论有非同寻常的敏感度；另一方面，全面从严治党、全面依法治国，真正把权力关进制度的笼子里。

三、政党与政党：对尚和合秉性的弘扬和践行

中国人不像西方人那样看待矛盾和斗争，中国人承认但不鼓励政治斗争。千百年来，在中国人的潜意识中，为了家国共同体的安全与福祉，和合是第一位的，矛盾总是可以转化、化解而不应激化的。中国人很早就形成了"和而不同"的先进政治理念。我们必须承认：人类理性所把握到的东西、良善伦理所肯定了的价值，在具体的实践中、制度上却总是很难有亦步亦趋的体现。这一点具有普遍性，在西方是这样，在中国也如此。这一问题的最终解决，还是

取决于相关现实条件的逐步创造和积累。当中国人经过艰难的革命终于迎来民主、共和的新时代，终于赢得了祛除专制主义的现实基础之后，不讲多元一体的大一统可能亡天下，不讲一体多元的"和而不同"也可能亡天下的历史记忆，仍然清晰无比、弥足珍贵。新型民主、共和一统的现当代中国不会再重复家长制清一色和高度中央行政集权的历史，但也不会全面开放公开的政治竞争。为了从根本上避免政党恶斗、避免家国动荡和共同体的裂解，这是自觉的选择、明智的做法。

（一）中国人对于矛盾和斗争的理解以及对政治分争的基本态度

美国著名外交家、国际问题专家基辛格认为中国人看问题时与美国（西方）人存在哲学层面的不同，他讲，总体上讲，如出现了问题，美国人认为会找到办法来解决它；中国人则认为问题根本就不可能得以解决——因为每个解决方案都会引发新的问题。这就是美中两国在思维方式上存在的差异。[1] 这一观察是入木三分的。不同于西方人主客二分、二元对立的世界观与方法论，中国人对于矛盾、对于斗争有着自己独特的看法，正如宋张载所讲的"有象斯有对，对必反其为；有反斯有仇，仇必和而解"[2]。——这的确很不同于西方人。

---

[1]　基辛格：《中国人和我们在看问题时存在哲学层面的差异》，观察者网，2018 年 11 月 8 日。

[2]　张载：《正蒙·太和》。

　　首先，中国人承认矛盾的存在，认为凡事皆有其对立面、矛盾也总是无处不在的。但同时中国人又不认为矛盾双方必然导向绝对的对立、零和的斗争，而是有更高的概率趋于新的变化、生成新的对立统一体。中国人很早就意识到矛盾的普遍存在。春秋时期，史墨就讲过一个"物生有两"①的道理，揭示了矛盾的普遍性。不止史墨，道家也认为矛盾无处不在，正所谓"有无相生，难易相成，长短相形，高下相盈，音声相和，前后相随，恒也"②。其实，在中国人更早就已形成的世界图景中，矛盾或曰"阴"与"阳"就是其中最为重要、不可或缺的元素了。所谓"一阴一阳之谓道"③，若没有了阴与阳的对立统一，这个世界生发的链条就断了，它就没有生机活力了。阴与阳对立统一关键在于和合融会，它体现在方法论上就是不走极端、道取中庸。这也就是中国人看待矛盾、待人接物的基本思维。明人笔记中载了元代大书法家、一品高官赵孟頫的逸闻逸事，说他官做大了后心旌荡漾，想娶几个小老婆。但他还是很爱恋老妻的，不好当面讲。于是写了首词给太太，喻示想效仿王献之、苏东坡纳妾故事。赵夫人是管道升，学养、气度上并不亚于夫君（有点儿看不上身为赵宋皇室后裔的赵孟頫屈膝事元，曾写诗讽谕），她没有小儿女般惺惺作态，而是回了一首后世传为佳话的《我侬词》："你侬我侬，忒煞情多。情多处，热如火。把一块泥，捏一个你，塑一个我。将咱两个一齐打破，用水调和，再捏一个你，再

---

① 《左传·昭公三十二年》。
② 《道德经·道经·第二章》。
③ 《易经·系辞上》。

塑一个我。我泥中有你，你泥中有我。我与你生同一个衾，死同一个椁。"此词直接以爱情的烈火蒸发了赵孟頫心头的淫欲。这个故事、这首诗为后人附会的概率较高，但这不妨碍我们从中看到国人的智慧。想想看，家也好、国也好，大家都在其中，你中有我、我中有你，你的也是我的、我的也是你的，有这样一个氛围，大家谁还会去争呢？争来争去有什么意义呢？中国人津津乐道于"家和万事兴"，原因就在于有此种感性的智慧、和合的念想。

中国人推重和合，以至于会将和合的反面——分争视作一种思维的错误或社会、心理的病态。子曰："吾有知乎哉？无知也。有鄙夫问于我，空空如也。我叩其两端而竭焉。"① 他解决矛盾思维方法就是"叩其两端而竭焉"——管它什么事，先排除了两方面对立和极端的情况再说。孔门后学对此又做了演绎："执其两端，用其中于民，其斯以为舜乎？"中庸之道固然好，但不是所有人都能做到。为什么做不到？为什么总有人会争？中国人认为是人心往往难免于主观、武断、固执和自我。传说孔子曾无意间看见颜回蒸好饭后自己先吃了一口，于是很不高兴。为此他委婉地试探颜回后方得知，原来梁上有灰落入锅中，颜回不忍浪费粮食所以才抠出来吃掉了。为此孔子曾大发感慨。圣人都不免心态出问题，所以中国政治更重教化，更强调同时在心理上、认识上下大功夫。要加强德性上的修养，也要努力"解蔽"——祛除内心深处的导致偏颇的积弊，也就是要"毋意、毋必、毋固、毋我"②。当大家心里那些倾向于争

---

① 《论语·子罕》。
② 《论语·子罕》。

的毛病都被祛除了，和合中道的环境也就生成了，分争也就遁于无形了。

（二）中国人对和而不同政治理念的继承以及对党争教训的记取

崇和厌争这么一种本能的趋向，是由中国人固有的政治生活方式、思维方式所决定的。中国人崇和厌争并非要追求、偏执于千篇一律，而是希望在不同的事物之间找到共生、共在的途径，形成包容各方的共同体。这就是和而不同——这四个字最早出现于《国语》中。"夫和实生物，同则不继。以他平他谓之和，故能丰长而物归之；若以同裨同，尽乃弃矣……故夫如是，和之至也。于是乎先王聘后于异姓，求财于有方，择臣取谏工而讲以多物，务和同也。声一无听，物一无文，味一无果，物一不讲。王将弃是类也而与剸同，天夺之明，欲无弊，得乎？"[①] 这是西周后期郑伯友（即郑开国之君郑桓公，初封于郑、为伯爵，称郑伯友）同史伯的一段对话。伯阳父曾以阴阳五行说解读王都附近大地震天象中传达的天意，说周要亡了。因为西周末夷、厉、宣、幽四王都刚愎自用，导致天地间阴阳不谐、王朝生机丧尽。作为周王廷"总理大臣"的郑伯见周政败坏而生引退之心，因虑及子孙、子民的安全，想举族迁徙，但对去哪儿又拿不定主意，于是找史伯咨询。史伯详论天下大势，为其指明了徙居的方位。史伯讲周将亡，原因是周王"去和而取同"，

---

① 《国语·郑语》。

求"劐同"。他明确区分了和与同，说和是"以他平他"——让不同的东西并存共处，同则相反——它只要一模一样、毫无差异。在此区分的基础上，史伯阐明"和实生物、同则不继"的道理。就仿佛阴阳交合才能生养后代一样，不同质的东西并存共在，万物才能生生不息，否则世界发展将停滞、万事万物都将无以为继。

春秋时，和而不同思想又得到进一步重申。孔子曾明确讲过"君子和而不同，小人同而不和"[①] 的话。而在此前，（齐景公时的相国）晏婴也曾深入阐明自己的理解。史书中有相关记载："公曰：'唯据与我和夫！'晏子对曰：'据亦同也，焉得为和？'公曰：'和与同异乎？'对曰："异。和如羹焉，水火醯醢盐梅以烹鱼肉，燀之以薪。宰夫和之，齐之以味，济其不及，以泄其过。君子食之，以平其心。君臣亦然。君所谓可而有否焉，臣献其否以成其可。君所谓否而有可焉，臣献其可以去其否。是以政平而不干，民无争心……今据不然。君所谓可，据亦曰可；君所谓否，据亦曰否。若以水济水，谁能食之？若琴瑟之专一，谁能听之？同之不可也如是。"[②] 齐景公打猎回来同晏子聊天，说朝堂上只有梁丘据与自己合得来。晏子听了不高兴，因梁丘据是逢迎小人。晏子讲，国君你跟他不是和而是同。你跟我、跟大将军司马穰苴那才是和。譬如你曾深夜到我和司马将军府上打门，说要饮酒作乐，我们都拒绝了。梁丘据不知怎么得了信儿，马上就把你迎了去。君臣间的和并不像你跟梁丘据那样。就譬如做菜，大家把不同食材往里放，菜才好吃；如果都放

---

① 《论语·子路》。

② 《左传·昭公二十年》。

盐，那就吃不得了。晏子这里所阐发的，就非常贴近我们今天的政党关系：中国共产党认为某件事是对的、好的，但若它也有不对、不好之处，那么民主党派、无党派人士就应该指出来；反之，中国共产党认为它是不对的、不好的，但若其也有对的、好的地方，那民主党派、无党派人士也应给指出来。这就是和而不同，这才是真的和。当然，现代政党关系根本上还是应该有别于封建的君臣关系。

中国人不仅有好的政治理念，也有惨痛的党争教训。历代中国党祸最重的，大约是宋代。宋被后世中外史家公认为是当时世界上最发达的存在，南宋独立抵抗蒙元差不多也是最顽强和持久的。宋的发达故是因为朝廷亲商、商品经济发达，但同时与它的较先进的政治有关。宋人把承自隋唐的最先进政体——三省六部制继承、调适到了非常精密且高效的程度，实现了权力合理配置、有效平衡，成功将中华政制发展推进到一个前所未有的高度。宋的政治氛围也很开明。宋太祖曾立有三誓，勒石太庙之内，其中一誓就是"不杀谏臣、士大夫"。有此祖宗之法、宪制条文，仁宗一朝时就一度出现了儒家理想中所谓"皇帝与士大夫共天下"的局面。传说就曾有大臣依据法度不依不饶地面刺仁宗的不是（大约是皇帝想违制给老丈人谋个差事），都到了唾沫星子喷到皇帝脸上的程度。可仁宗呢？因自觉有愧，只好擦掉唾沫，继续"听训"。仁宗一朝的政治如能持续，那么中国就有可能率先步入近代社会，中国政治文明也很可能较早结出近代民主果实。但宋代政治长期存在一个天大的弊端——党争。正是党争彻底断送了前述可能。宋党争的高潮，是王安石、司马光之争。此场斗争直接埋下靖康之难、北宋灭国的伏笔。王的新法是顺应时代、国家需要的，但因用人严重不当，导致良法善政都成了官僚搜刮害民的手段。司马光深知官僚私恶，但认为是新法触发了弊政，故予以坚决抵制并在当宰相后完全废止了它。文人认死理，意气上来了更是不得了，双方党人都把对方往死里整。有没有清醒的呢？真有，苏轼。王安石当政他批王书呆子气，司马光当政他又批评司马不该把新法全废掉。结果，两边党人都将其一贬再贬，直至天涯海角的儋州。没人能从党争中受益。倒霉的不光是党人，更是百姓、朝廷。直至金人兵临城下，宋钦宗也还在面对朝廷上和战两派的政争。党争反反复复，国家哪堪折腾！宋的党争遗祸甚远，它不仅直接导致北宋、南宋灭国，更使一种先进、伟大的制度文明终于走向末路。蒙元的征服打断了中国最早的近代化进程。蒙古人把游牧民族一些相对落后的东西引入中国政制，明清以后再也没有回到唐宋的轨道上，反而更加强化了蒙元之制，彻底滑向了私天下的泥潭。自此，汉唐以来文人士大夫与皇帝坐（立）而论天下的古风彻底沦丧，臣民自称奴才后也就只能多磕头、少说话，中国本土政治文明的近代化遭遇到了极大的挫败。

综上所述，现实政治总有其多样性、差异性，政制、政治就是要在此种差异性、多样性的基础上努力实现某种适度的均衡，形成一致性的共识、包容性的统一。不要统一性、一致性，必然导致某种革命或是某种混乱无序的无政府状态。不要多样性、差异性，必然导致时时处处受谴责、被抵抗的强权暴政。由此可知，就中国新型民主、新型政党制度而言，在把握和处理不同政治主体特别是政党彼此间的关系时，就一定要弘扬和践行和而不同、崇尚和合的传统政治秉性，一定要深刻吸取并从根本上避免重蹈党争倾轧的历史覆辙。

（三）当代中国政治新面貌以及新型政党关系

为何崇和厌争的民族也会长期不免于党争？为何历朝历代统治者高度警惕党争，但还是难能幸免？大概有两个方面原因：一是人类的政治思维、行为并非总是理性的。人之异于禽兽者几希，朋党相争中君子、小人的距离往往也就在于一念之间的灵明；不只是个体往往不够理性，人类集体行动也往往失之于盲目。为求得群体的认同、安全，个体就可能不顾理性、不论是非，群体自然可能因此而失落理性智慧。二是出于专制政治固有的本质。正如孔子曾诘问、批判的那样，"虎兕出于柙，龟玉毁于椟中，是谁之过与？""吾恐季孙之忧，不在颛臾，而在萧墙之内也。"[①]——党争的根子在萧墙之内，在于专制政治所必然包裹的私天下的政治本质及内核。君王以其大私伪装成大公，窃钩者诛、窃国者为诸侯，逻辑上走不通、实践中也无法阻绝私心和野心的膨胀。而要谋大私，当然也就免不了各种残酷的政争，它也无从搞出好的体制机制来防止私争。所以一方面，还是应当承认政治斗争的不可避免和客观存在。但却不能因此就认同、接受完全开放政治竞争——现当代中国政治家从历史中把握到的经验是：限制政治斗争尚且难免于分争、动荡，那

①《论语·季氏将伐颛臾》。

么放开甚至鼓励它岂不更糟？我们更应当努力做好的，恐怕还是想方设法把政治斗争限制在最低限度、最小范围之内。另一方面，还应当自觉认识到：不祛除能以私代公、以私废公的经济社会基础，则任何政治制度安排（即便最发达的程序民主、政党政治），当其面对专制权力时，都不过是五十步笑百步。

科学社会主义的理论和实践以及共产党的出现，为人类社会走出各种形形色色的私天下（封建天下、郡县天下及资本天下等）的迷局，为构建大公天下、实现真正的民主共和准备了现实的道路和可靠的领导力量。近代以来，中国共产党、中国人民不断推进中国革命、建设和改革伟业走向深入，不断扬弃人类历史上此前的一切旧共同体形态——基于"人的依赖关系"的古代自然共同体、基于"物的依赖关系"的资产阶级共同体，不断走近基于"自由人联合体"的真正共同体。在社会主义的初级阶段、在当代中国，此种真正共同体的早期形态已经形成并存在。从中国共产党政治实践的角度来看，它应当就是最广泛的统一战线；从中国现代民族与国家构建的角度来看，它应当就是新型的人民共和。不同于西式"缘私而求公"的公民共和，人民共和根本上不会拘泥于私利并因权利纷争而走向变态、成为精英代理或操控的少数人如贵族或寡头的共和，甚至沦为强权专制。它倡导"一体多元"、"多元一体"，应当是中国共产党创造性地将中华政治固有的大一统、公天下以及和而不同优秀传统同科学社会主义、现代民主政治融为一体的产物。

政党政治是现代政治、民主政治的中枢。作为共同活跃在这个政治中枢当中，共同出现在现当代中国政治舞台上的关键政治角色——中国共产党、各民主党派和无党派人士首先要对自身同中国新型民主政治制度存在与发展的同构性有着高度的政治自觉。要充分认识到，没有现代政党，中华民族、中国人民就很难凝聚成一个紧密团结和谐的政治共同体。历史赋予中国共产党执政党、领导党的角色和地位，赋予民主党派参政党、接受中国共产党领导的政党的角色和地位，同时决定了我国政党间非竞争性以及和而不同的政治价值、政治导向，决定了这些政党为了共同的整体利益而团结奋斗的和谐政党关系。中国共产党的领导、多党合作和政治协商，这是现当代中国政治凝神聚力、稳定发展的神经中枢和基本内核。它将中国社会各阶级阶层、中华民族各组成部分紧密且持久地团结在一起，成为一个生机勃勃的、古老而又现代的强大政治共同体。大家在这个共同体内共担责任、共铸乾坤，不断谱写中华政治文明新篇章、中华民族伟大复兴的新篇章，不断以自己卓越的发展、杰出的成就为人类文明的进步做出新的贡献！

第六章　新型政党制度：驱动现代
民主运转的中国方案

所谓"新型政党制度"就是中国共产党领导的多党合作和政治协商制度。在我国政治制度体系中，中国共产党领导的多党合作和政治协商制度是一项基本政治制度，是与人民代表大会制度、民族区域自治制度和基层群众自治制度相匹配或并行的政治制度。作为我国一项基本政治制度，新型政党制度是中国共产党、中国人民和各民主党派、无党派人士的伟大政治创造，是从中国土壤中生长出来的。它在结构上既不同于多元化的政党制度结构，又不同于一元化的即一党独揽的政党制度结构，形成共产党领导、多党合作，共产党执政、多党参政格局，与人类历史上存在过的政党制度模式都有显著的不同。

一、新型政党制度的理论基础和现实基础

1989 年《中共中央关于坚持和完善中国共产党领导的多党合作和政治协商制度的意见》（1989 年 14 号文件）较早提出"中国

共产党领导的多党合作和政治协商制度"的概念表述。就其基本的构造和外延上来说，这一政党制度内含了三个不可或缺的方面：中国共产党领导、多党合作和政治协商。在具体实践中，它又体现在两个基本的领域或曰向度上面：中国共产党领导的多党合作，以及中国共产党领导的政治协商，两者间也向来都是紧密关联、互为依托和相辅相成的。这样一种政党制度，它的形成和确立，它的坚持巩固和发展，都是因为要合乎中国独特的历史传统、满足中国现实的政治需要。

（一）新型政党制度的理论基础

中国共产党领导的多党合作和政治协商制度，是马克思主义理论与中国革命、建设和改革实践相结合的一大创造，是马克思主义中国化的产物。马克思主义的统一战线理论、人民民主理论以及政党和政党关系理论，奠定了中国特色政党制度的理论基石。一是马克思主义统一战线理论。马克思、恩格斯揭示了无产阶级统一战线的基本原理，提出无产阶级必须加强自身团结统一，并在革命进程中努力同其他可以参加革命的阶级、政党和社会力量结成同盟。列宁进一步提出无产阶级要尽最大努力联合同盟军、必须掌握统一战线领导权。中国共产党人把统一战线思想成功运用于中国实践，形成了建立以工农联盟为基础的、占全民族人口绝大多数的广泛统一战线的理论，形成了统一战线必须坚持党的领导、正确解决民族资产阶级问题，以及实行又联合又斗争的策略原则等创新理论。二是马克思主义的人民民主理论。马克思、恩格斯认为民主与人类自由解放事业具有同一性，与无产阶级解放事业紧密联系。列宁深刻分析了资产阶级民主的历史作用和局限性，认为民主是国家形态，是政治的、历史的范畴。在区分了资产阶级民主、无产阶级民主的基础上，列宁提出社会主义民主将是人类社会中最高级的民主，而其本质就是人民当家作主。关于怎样实现这样的民主，马克思、恩格斯较早提出无产阶级专政学说。列宁进而提出无产阶级专政必须由无产阶级的先进组织——共产党来领导。在此基础上，中国共产党人创造性地提出人民民主专政理论，更加强化了无产阶级专政真正的民主性质和广泛的联盟特点，更进一步丰富了无产阶级专政的民主内涵。三是马克思主义的政党政治理论。马克思、恩格斯最早提出，无产阶级必须组织自己觉悟最高、最有战斗力的政党——共产党，才能担负起历史使命和领导责任。无产阶级政党必须以科学社会主义为指导、以全人类的解放为战略目标，必须联合和支持一切民主政党，组织广泛的同盟。在同非无产阶级政党的联合中，共产党必须坚持自己政治的、组织的独立性。列宁较早将无产阶级领导的多党合作付诸实践，阐述了多党合作的阶级基础、政治基础和策略原则，提出必须根据各国具体的国情来确立政党关系。在马克思主义经典作家相关思想的指导下，中国共产党人结合中国革命和建设的需要，创造性地发展了这些思想，一方面对西方民主及政党政治做了深刻的反思和批判，另一方面辩证地扬弃、创造性转换了中华古典政治思想和政治制度，古今贯通、洋为中用，提出把团结民主党派作为革命、建设的基本战略，确立了在共产党执政条件下与民主党派"长期共存、互相监督、肝胆相照、荣辱与共"的战略、方针，提出要在统一战线、多党合作中始终坚持中国共产党的领导，努力发展和谐政党关系以及新型政党制度。

（二）新型政党制度的现实基础

新型政党制度有其现实的经济社会基础，它是与当代中国社会经济基础相适应的基本政治制度。从古至今中国经济社会的基本特质一直是"一体多元"。现当代中国的经济社会发展充分继承了这一传统特质，改革开放以后又使之有了更进一步的丰富和发展。初级阶段社会主义的生产力、生产关系塑造了一种人民共同利益一致性和具体利益多样性并存的利益格局。从所有制角度看，当代中国是以公有制为主体、多种经济成分共同发展的；从分配制度上看，则是以按劳分配为主体、多种生产要素参与分配的；整体来看，无论公有还是民营，无论社会各阶级阶层以怎样的方式参与经济生活，当代中国的多种经济主体或利益主体都是长期共存、利益互补的，都是一个有机的经社共同体不可或缺的组成部分。反映在社会和政治结构上，就是工人阶级是领导力量、工农劳动者等多阶级阶层和社会群体彼此依存的一种有机团结的利益共同体。最能够忠实反映此种结构的政党制度，就是新型政党制度。新型政党制度又是当代中国政治上层建筑的重要组成部分。新型政党制度有其现实的政治基础，它是与我国人民民主专政的国体、人民代表大会制的政体相适应的政党制度。我国国体决定了中国共产党的领导地位，以体现工人阶级（通过共产党）领导国家；确立了包括民主党派参政议政在内有着广泛参与的、开放的政治架构，以体现人民这一最广泛政治联盟内部的民主。我国政体决定了我国政党制度的基本运作方式：遵循民主集中和议行合一原则，不搞多党竞争和轮流执政，而是选择领域更广泛、前景更远大的政党间协商合作，以及各党在国家政权中、管理国家事务过程中的合作共事。新型政党制度更是中国政治发展以及政治格局稳定的重要制度保证。在现当代中国，新型政党制度是最早形成和确立起来政治制度。从制度体系和制度发展的角度来看，它对其他政治制度的形成发展和完善都起到了促成、推进作用。从政治体系和政治过程来看，它贯穿、体现在其他政治制度运行中，深刻影响它们的效能。这一基本政治制度在拱卫国体、支撑政体运转上，在实现和保持党的领导、人民当家作主和法治国家高度统一上，都起到了无可替代的保障作用。

二、新型政党制度的结构、功能与价值

中国新型政党制度规定了中国共产党、民主党派和无党派人士分别在国家政治生活中的地位、作用和相互关系，形成了相对独特的政治结构与功能。

（一）新型政党制度的主体及结构

中国共产党在处于领导和执政地位。中共十九大报告指出："没有中国共产党的领导，民族复兴必然是空想。"[1] 在新型政党制

---

① 习近平：《决胜全面建成小康社会　夺取新时代中国特色社会主义伟大胜利》，人民出版社 2017 年版，第 16 页。

度框架下，中国共产党作为执政党对国家实行的全面领导，包括政治、经济、文化、社会、军事等各个方面，有效地保证了中国在政治社会稳定的条件下实现发展。中国共产党要始终不忘初心、牢记使命，始终确保自身先进性，确保自身在世界形势深刻变化的历史进程中始终走在时代前列，在应对国内外各种风险和考验的历史进程中始终是全国人民的主心骨，在坚持和发展中国特色社会主义的历史进程中始终是坚强的领导核心。八个民主党派是中国特色社会主义参政党。我国多党合作制度中有八个民主党派：中国国民党革命委员会，简称民革，主要联系联系同原中国国民党、台湾各界有关的人士，以及三农、法律界人士；中国民主同盟，简称民盟，主要联系文化教育和科技界的高、中级知识分子；中国民主建国会，简称民建，主要联系经济界人士及相关专家学者；中国民主促进会，简称民进，主要联系联系教育文化、出版、传媒及相关科技界高、中级知识分子；中国农工民主党，简称农工党，联系医药卫生、环保、人口资源及相关科教领域高、中级知识分子；中国致公党，简称致公党，联系归侨侨眷中、上层人士，及其他有海外关系的代表人士；九三学社，联系科技界、高等教育界的高、中级知识分子；台湾民主自治同盟，简称台盟，联系居住在大陆的台湾省籍人士及从事台湾研究的高、中级知识分子。现阶段这些政党成员的主体，都是知识分子。民主党派的基本职能是：参政议政、民主监督、参加中国共产党领导的政治协商；民主党派参政议政的基本点是：参加国家政权，参与重要方针政策、重要领导人选的协商，参与国家事务的管理，参与国家方针政策、法律法规的制定和执行。

无党派人士是我国民主政治的主体，也是新型政党制度的主体。无党派人士是指没有参加任何党派、有参政议政愿望和能力、对社会有积极贡献和一定影响的人士，其主体是知识分子。无党派人士具有政党性，是政治协商的重要组成部分，参加政党协商。无党派人士参与多党合作，既是中国新型政党制度的特色，也充分保证了新型政党制度的弹性和张力；既有制度刚性和原则性，又具有一定的灵活性，有利于巩固多党合作的政治格局。

> **知·识·链·接**
>
> 　　2013 年，习近平进一步明确提出民主党派是"中国特色社会主义参政党"，将民主党派"参政党"的性质地位与"中国特色社会主义"紧密结合，使民主党派的政治特征更加鲜明：始终坚持中国共产党领导和中国特色社会主义；始终与中国共产党风雨同舟、通力合作；始终致力于中国特色社会主义事业；始终体现进步性与广泛性相统一。

　　中国共产党、民主党派以及无党派人士间存在着、组成了"一体多元"的政党政治结构。多元，意味着中国共产党、民主党派以及无党派人士间存在一定差异性，其现实基础就是人民内部不同的具体利益的对立统一。中国共产党是代表整体的党，不仅从整体上代表中国工人阶级，也从整体上代表中华民族和中国人民。民主党派是代表部分的党但也致力于维护整体，分别是其各自所联系一部分社会主义劳动者、建设者和爱国者的政治联盟。无党派人士则直

接反映一部分知识分子的要求。这样，工作或活跃在我国经济社会
生活各阶层、各方面的人们，都可能在这些人员构成、组织体系、
活动方式、政治传统及政策见解等都富于多样特征的不同政治主体
中找到自己的代表。此种多样性得到充分展现，就会展现出政治上
最广泛的包容性——它是走向政治合作的基础，也是合作一致的前
提。一体，意味着中国共产党、民主党派以及无党派人士都是中国
人民这一最广泛政治联盟的中坚或骨干，彼此在基本的阶级和政治
属性上都是相近的、有共性的，在基本政治立场和价值取向上也都
是一致的、有共识的，都立足于中国人民、中华民族和中国特色社
会主义，都集中反映人民意志、维护人民利益，反映了我国人民根
本利益的一致性，体现了我国社会、政治生活的一致性。

（二）新型政党制度的基本功能

中国新型政党制度的结构—功能同中国特色社会主义的历史形
态及现实要求高度契合，在推进中国国家建设和实现现代化变迁中
发挥着重要的制度保障作用。此种政党制度有着相对独特的政治结
构，因此也就相应产生了一系列特有的政治功能，主要体现在如下
几个方面。

一是强大的整合功能。作为一个发展中的大国，中国经济和社
会发展具有"后发展"特点和赶超性质，需要通过上层建筑的力量，
自上而下强有力地推进改革和发展。中国实现现代化的艰巨性、复
杂性和多维性，必然要求政治制度具备高度的整合功能。中国多党
合作制度以中国共产党的坚强领导为前提，又有各民主党派、无党

派人士以及其所联系的社会各界人士的广泛合作，从而形成强大的整合力。各政党在中国特色社会主义的伟大旗帜下团结起来，形成高度的政治认同、强大的社会凝聚力和社会动员力，有利于维护国家的统一和人民的团结，推进政策决策的优化和高效实施，有效地处理和协调各种利益关系，有效地引领和组织社会沿着现代化的目标不断前进和长期持续发展，从而为坚持和发展中国特色社会主义提供强有力的制度保障。

二是独特的民主功能。中国新型政党制度是实现社会主义民主的关键制度平台，其相关功能体现在：政治参与功能。为各民主党派、无党派人士的政治参与开辟了制度化渠道，有利于把各种社会力量纳入政治体制内，巩固和扩大人民民主专政国家政权的基础；有利于充分反映民意，广泛集中民智，广开言路，广求良策，推动执政党和政府决策的科学化和民主化；有利于实现有序的政治参与，在保持社会稳定的前提下，推进社会主义民主积极稳步发展。利益和意见表达功能。中国是人口众多的大国，存在不同的阶级、阶层和社会集团。人民内部在根本利益一致基础上还存在着具体利益的差别和矛盾，需要有畅通的渠道，表达社会各个方面利益和诉求，以利于协调利益关系，保持社会和谐和稳定。新型政党制度广泛涵盖了各党派和无党派的代表人士，能有效地反映社会各方面的利益、愿望和诉求，成为人民代表大会制度以外又一重要的民意表达和吸纳机制。民主监督功能。中国共产党与各民主党派互相监督，有利于强化体制内的监督功能，避免一党执政由于缺乏监督而导致的种种弊端。各民主党派、无党派人士一般具有较高的知识水平，往往能提出有价值的意见、建议和批评，能够发现执政党工作中存在的缺点和失误，有利于共产党保持清醒的头脑，更加自觉地抵制、克服官僚主义和各种消极腐败现象，加强和改进执政党和政府的各项工作，始终保持与人民群众的血肉联系。

三是良好的稳定功能。实现政治和社会稳定，是任何社会共同追求的目标。中国正处在现代化起飞阶段，社会高速发展与社会矛盾凸显共存，能否实现政治和社会稳定，直接关系到现代化的成败。中国新政政党制度在维护政治稳定方面发挥着重要作用。中国共产党的坚强领导，是实现政治稳定的重要保障；政党制度内广泛参与的机制，有利于同化和兼容新的社会力量，是适应和平衡社会结构变迁、保持社会长期稳定的重要制度因素。

（三）新型政党制度的基本价值

中国共产党、各民主党派和无党派人士之所以能在民主革命中走到一起，之所以能在国家建设中勠力同心，是因为大家都共同追求如下的基本价值：一是爱国主义和人民至上。致力于救国救民、独立自由，这是中国共产党、各民主党派各自建党时共同的初心；致力于国家富强和民生幸福，这是中国共产党、民主党派和无党派人士共同的、现实的追求。二是中国特色社会主义。只有社会主义才能救中国、发展中国，始终不渝走中国特色社会主义发展道路，这是中国共产党、民主党派和无党派人士坚定的政治共识，也是共同奋斗的牢固的政治基础。三是民主与团结。民主才有真团结，团结才能促民主。各党都致力于发展党内的民主与团结，政党间的民主与团结，人民内部的民主以及最广泛和最巩固的大团结、大联合，并共同促成这三个层次上民主与团结的相互促进。四是合作与进步。为国家与民族的进步而通力合作，为更好合作而不断强化各自的先进性／进步性，这也是中国共产党和民主党派、无党派人士共同珍重的价值。五是求真务实。解放思想、实事求是，开拓创新、与时俱进；不唯上、不唯书、只唯实；为天地立心、为生民请命、为往圣继绝学、为万世开太平；苟利国家生死以，岂因祸福避趋之……这些，都是共产党人、民主党派和无党派人士共同推重的基本价值和高贵的政治品格。六是和而不同。承认和尊重多样性、寻求和维护一致性；一致而百虑、殊途而同归。中国共产党、民主党派和无党派人士都继承发扬了民族政治文化中的这一瑰宝。概言之，正因为有这些大家所共同追求的政治价值，并且一以贯之地珍重和实践这些价值，我国政党制度才能把各个政党和无党派人士紧密团结起来、为共同目标而奋斗，才有可能在实践中持续深入地探讨如何实现真正的民主决策和民主监督，才有可能有效避免一党缺乏监督或者多党轮流坐庄、恶性竞争的弊端。

除了上述主体所共同珍重的基本价值，新型政党制度本身也有其相对于中国政治以至于人类政治文明的创新的价值。一是创造和发展着一种新型的政党关系。我们没有照抄照搬西方政党体制，也就从根本上避免了旧政党制度的多党竞争、相互倾轧；我们也没有仿照苏联等一些国家的一党制去排斥异己、垄断权力，也就从根本上避免了传统社会主义政党制度的高度集权、僵化生硬。中国共产党同中国人民、中国民主党派和无党派人士一起创立发展了新型政党制度。这一制度要求共产党与各民主党派长期共存、互相监督、肝胆相照、荣辱与共，共同致力于中国特色社会主义建设。各政党间团结合作、求同存异、和谐共生，这与旧式的、传统的政党关系有着根本的区别。二是创造和实践着一种新型政党执政方式。在存在两党体制、多党体制的国家，执政党通常要为其所代表的阶级、利益集团谋取最大利益，其他政党则往往对其采取对立姿态。在一党制国家，执政党独揽权力，缺乏广泛的政治参与。我们按民主集中制原则，坚持中国共产党领导并充分发扬社会主义民主，把一党执政同多党合作和参政监督有机结合起来，促成集中领导和广泛民主有机统一、富有效率和保持活力，非常有利于执政党民主执政、科学执政和依法执政。三是创造和发展着一种适合中国国情的新型政党制度。党的领导、多党合作和政治协商与我国国体、政体相匹配，与当代中国作为社会主义国家、发展中大国更需稳定和发展的整体需要相适应，与我国经济社会一体多元的基本特质相一致。在长期改革、建设和发展中，这一政党制度促进了生产力持续发展、社会全面进步；实现和发展了人民民主；增强了党和国家的活力；保持和发扬了社会主义制度的特点和优势；维护了国家政局稳定和社会安定团结；实现和维护着最广大人民的根本利益。四是创造和实践着一种新型民主的实现形式。这一政党制度体现了人民民主内在的精神和原则，顺应了中国政治发展的逻辑，实现了民族性与现代性的统一。在我国民主体制中，人民代表大会制度与共产党领导的多党合作政治协商制度是相辅相成的。人民通过选举、投票行使决定权，以各种形式的民主协商行使参与权。协商民主与选举民主相结合，拓展了人民民主的广度、深度。中国共产党、各民主党派和无党派人士代表联系人民，在人大、政协经过充分协商制定法律法规和大政方针，既尊重了多数人意愿，又照顾了少数人的合理要求；既保障了人民权利实现，又促进了社会和谐发展。

三、新型政党制度的内容、形式和运行机制

中国新型政党制度从其性质出发，规范了多党合作的内容和形式。与此相适应，构建了多党合作制度的运行机制。在探索中国特色社会主义道路过程中，中国多党合作的内容不断丰富和发展，运行机制逐步完善，进入了制度化、规范化、程序化的发展阶段。

（一）新型政党制度相关实践的内容

不同国家政党制度的不同性质、不同类型，决定了其具有不同的内容。中国新型政党制度的性质和类型以及内部构成和外部联系，形成以下几个方面多党合作的基本内容和形式。

一是中国共产党同民主党派之间平等的合作与协商，主要是政党协商。政党协商是政党与政党之间的党际协商。遵循政治惯例，无党派人士是政治协商的重要组成部分，参加政党协商；工商联是具有统战性的人民团体和商会组织，参加政党协商。政党协商是中国共产党同民主党派、无党派人士基于共同的政治目标，就党和国家重大方针政策和重要事务，在决策之前和决策实施之中，直接进

行政治协商的重要民主形式。① 从协商建政开始，新中国协商民主特别是政党协商经历了长时期的发展，其地位不断提升，其作用不断增强，已经成为最成熟、最重要的协商民主形式。进入新世纪、新时代，面对新的党情、国情和世情，面对国家治理现代化的时代要求，中共中央大力推进社会主义协商民主建设，并于 2015 年颁发纲领性文件《中共中央关于加强社会主义协商民主建设的意见》。在这个文件中，首次明确提出"政党协商"这一概念，并将其置于协商民主七种渠道的首要位置。此后，中共中央办公厅印发《关于加强政党协商的实施意见》，进一步明确了政党协商的内涵、内容、程序和保障机制，使政党协商更加规范化、程序化，也更加具有可操作性，政党协商具有政党性、制度化，以及小规模、高层次的特点。中央层面的政党协商，中共中央、各民主党派中央负责同志参加，协商讨论的问题关乎大政方针和重大国事，具有很高的权威性。政党协商规模不大、形式多样灵活，有利于深入讨论问题。一些处在制定过程中、尚未出台的重大方针政策，在这个范围内协商讨论非常合适。除政党协商外，中国共产党同民主党派的合作与协商还表现在中共各级党委与民主党派、无党派人士密切联系和深入交流；中国共产党和民主党派、无党派人士彼此之间的民主监督；中国共产党支持民主党派、无党派人士充分发挥职能作用，支持和帮助民主党派搞好组织发展、加强自身建设、提高自身素质；以及推动执政党建设、参政党建设紧密结合、相互促进、共同进

---

① 全国干部培训教材编审指导委员会组织编写：《发展社会主义民主政治》，人民出版社 2019 年版，第 95 页。

步等。

二是中国共产党同民主党派、无党派人士在国家政权中的合作共事，即共产党员同民主党派成员和无党派人士经过法定程序参加国家政权，在人大、政府和司法机关中担任职务，进行合作共事。在我国民主政治、政党制度相关实践中，政党与国家政权的关系体现为中国共产党是执政党，领导和执掌国家政权；民主党派是参政党，参加国家政权，参与国家事务的管理。作为各自所联系的一部分社会主义劳动者、社会主义事业建设者和拥护社会主义爱国者的政治联盟或政治主体，民主党派、无党派人士在中国共产党的领导下参加国家政权和参与国家事务的管理，是人民民主的重要体现。民主党派和无党派人士的参政权利受到宪法和法律的保护，参政议政、民主监督具有制度规定的广泛领域和途径。中国共产党领导国家政权绝不是独揽国家政权，而是在执政过程中，同各民主党派成员、无党派人士在国家政权机关中实行合作共事。此种合作共事首先体现在国家政权机关中。"人民代表大会是我国人民行使国家权力的机关，也是民主党派成员和无党派人士参政议政和发挥监督作用的重要机构。"① 民主党派成员、无党派人士在人民代表大会中发挥作用，是中国共产党与民主党派、无党派人士在国家政权中合作的重要体现。在历届全国人大代表、全国人大常委会委员、全国人大副委员长中，民主党派成员、无党派人士始终都占有一定的比

---

① 《中共中央关于坚持和完善中国共产党领导的多党合作和政治协商制度的意见》，见中共中央文献研究室编：《十三大以来重要文献选编》（中），人民出版社 1991 年版，第 825 页。

例。从六届人大开始，在全国人大设立的专门委员会中，民主党派成员、无党派人士也占有一定比例。各级地方人大代表、人大常委会委员和副主任中，民主党派成员、无党派人士也占有一定比例。人民代表中的民主党派成员依法行使人民代表的各项权利，参与调查，参与监督，参加人大外事活动，在人大中积极发挥作用。依照《中华人民共和国宪法》、《全国人民代表大会组织法》及《全国人民代表大会议事规则》，民主党派成员中的人大代表以人民代表身份活动、不以党派身份活动且不在人大组织党团。这是由人大制度与西方议会制度的本质区别所决定的。但这并不意味着民主党派成员中的人大代表就不具有党派的代表性，他们必然会在人大中反映党派成员及所联系群众的意见、愿望和要求。中国共产党同各民主党派和无党派人士在国家政权中的合作也体现在国家各级行政机关和司法机关中。民主党派成员和无党派人士以国家公务员身份参加政府工作，或是担任国家和政府以及司法机关领导职务，这是基于我国国家政权建设的内在要求。在政府机关、司法机关特别是最适于民主党派无党派人士发挥职能作用的工作部门和岗位上，考虑并充分发挥民主党派成员、无党派人士的代表性，给予他们领导职务上和组织上、政治上的适当安排，使之能直接参加政府和司法机关的工作，有利于这些机关更加广泛地联系群众，更加深入地听取各种意见和建议，从而使政府和司法机关在制定政策时更加全面，贯彻执行时更加有效；同时，这非常有利于中国共产党的民主执政、依法执政和科学执政，也有利于充分发挥民主党派参政议政和民主监督的职能和作用，提高新型政党制度的效能。为此，中共中央明确要求，中共党员尤其是各级领导干部，必须尊重非中共人士的职权，同他们建立起良好的合作共事关系。

三是中国共产党在人民政协同民主党派、无党派人士以及各族各界代表人士的合作与协商。中国人民政治协商会议是实行中国共产党领导的多党合作和政治协商制度的重要政治形式和组织形式，是我国现代国家治理体系的重要组成部分，是中国共产党领导的各党派、各团体、各民族、各阶层大团结大联合的组织。从协商建政起，中国共产党在人民政协同各民主党派、无党派人士的合作与协商，就是多党合作的重要体现。中国共产党、民主党派都作为界别参加人民政协，大批民主党派成员、无党派人士在人民政协中担任委员和常委，使人民政协获得并长期保持了鲜明的党派合作的属性。从 1954 年人大制度确立以后，人民政协不再像建政初期那样代行人大职权，而是定位为中国人民爱国统一战线的组织、中国共产党领导的多党合作和政治协商的重要机构、发扬社会主义民主的重要形式。进入新世纪，围绕民主和团结的两大主题，人民政协进一步强化了人民政协的政治功能。中共十八大后，人民政协作为协商民主重要渠道和专门协商机构的地位和作用受到空前的重视。《中共中央关于加强社会主义协商民主建设的意见》，将政协协商作为协商民主七种渠道之一，强调要发挥人民政协作为协商民主重要渠道和专门协商机构的作用。此后，中共中央办公厅又印发《关于加强人民政协协商民主建设的意见》，对政协协商的内容、形式和程序，加强人民政协与党委政府工作的有效衔接，加强人民政协制度建设等做出了制度化规定。中国共产党在人民政协同各民主党派、无党派人士合作与协商，主要体现在以下方面：首先是安排民主党派成员、无党派人士参加人民政协。其次是制度化地参加人民政协的政治协商。中共中央主要领导人每年在全国政协全体会议期间，都要同民主党派、无党派人士共商国是；民主党派、无党派人士充分运用政协协商，对国家和地方的大政方针及重要事务，进行协商讨论，提出意见和建议；任政协委员的党派成员、无党派人士与其他政协委员一起列席人民代表大会的主要会议，参加国家重大问题的协商讨论，就事关国计民生的大政方针和重大问题提出意见和建议；不断丰富政协会议协商的内容和形式，为各民主党派、无党派人士更加广泛地参与协商创造条件。再就是开展民主监督。各民主党派运用政协视察、大会发言等方式开展民主监督。政协委员中的民主党派成员还通过参加中共党委和政府有关部门组织的调查和视察活动或应邀担任司法机关和政府部门特邀监督人员等开展民主监督。此外，还要开展参政议政。参加人民政协的各民主党派成员对政治、经济、文化、社会生活中的重要问题以及人民群众普遍关心的问题开展调查研究，反映社情民意，通过大会发言、提案、建议案、调研报告或其他形式参政议政，向中国共产党和国家机关提出意见和建议。

（二）中国新型政党制度的运行机制

政治制度的价值实现和功能发挥有赖于合适的内容设计、良性的运行机制。作为我国一项基本政治制度，新型政党制度的稳定有序和高效运作、制度功能的有效发挥，与其具有科学合理的运行机制密切相关。运行机制是政党制度有规律地发挥其功能、作用的条件和过程，既是中国共产党的政治领导得以实现的重要体现，又是民主党派、无党派人士履职尽责的基本依托，同时本身又构成中国特色社会主义协商民主和国家治理体系及过程的重要方面。具体来说，中国新型政党制度的运行机制主要包括如下方面。

1. 政治协商的运行机制

中共中央 1989 年 14 号文件初步建构了政治协商体制机制的框架。2005 年中共中央文件①明确把政治协商纳入决策程序，就重大问题在决策前和决策执行中进行协商，是政治协商的重要原则；明确提出了政治协商的两种基本方式，即中国共产党同各民主党派的政治协商和人民政协的政治协商。进入新时代，中共中央致力于构建程序合理、环节完整的协商民主体系，完善协商于决策之前和决策实施之中的落实机制，丰富有事好商量、众人的事众人商量的制度化实践，先后制定出台了关于加强政协协商、政党协商的实施意见，明确了相关协商的政治过程和运行机制。

关于政党协商，它是以中国共产党为主导的政党间直接的和平等的协商。相关运行机制主要包括协商的形式、内容、程序和保障等。政党协商的形式主要包括会议协商、约谈和书面协商三种基本形式。其中，会议协商又包括：就党和国家重要方针政策、重大问题召开专题协商会；就重要人事安排在酝酿阶段召开人事协商座谈

---

① 《中共中央关于进一步加强中国共产党领导的多党合作和政治协商制度建设的意见》，见中央文献研究室编：《十六大以来重要文献选编》（中），中央文献出版社 2006 年版，第 672 页。

会；就民主党派的重要调研课题召开调研协商座谈会；根据工作需要，召开协商座谈会等四种具体形式。相比较而言，约谈协商更具有灵活性和直接性，不拘于时间、场合和形式，是发挥各民主党派在政党协商中主体作用和主动性的最有效手段。书面协商形式是指民主党派中央直接向中共中央提出意见、建议，包括民主党派中央以调研报告、建议等形式直接向中共中央提出意见和建议；民主党派中央负责同志可以个人名义向中共中央和国务院直接反映情况、提出建议等。政党协商的内容包括：全国代表大会、中共中央委员会的重要文件；宪法的修改建议，有关重要法律的制定、修改建议；国家领导人建议人选；国民经济和社会发展的中长期规划以及年度经济社会发展情况；关系改革发展稳定等重要问题；统一战线和多党合作的重大问题；其他需要协商的重要问题。至于几种协商形式的程序，特别是关于协商的程序及流程，包括协商什么问题、在什么范围内协商、协商年度规划、协商前的准备、协商中发扬民主、协商后采纳反馈等，相关文件也都做了明确规定。关于政党协商的保障机制，包括知情明政机制、考察调研机制、工作联系机制和协商反馈机制，以制度化的形式要求有关部门应适时向民主党派中央直接提供有关材料；由统战部组织或协调、由各相关地方和部门积极配合，召开各种通报会、座谈会，组织各民主党派、无党派人士结合自身特色，明确主题并经常性地开展或参加考察调研；根据需要、经统一安排，邀请民主党派中央负责同志参加中共中央政治局常委、委员开展的国内考察调研以及重要外事、内事活动；国家行政机关和司法机关应加强同民主党派、无党派人士的联系，视情邀请其列席有关工作会议、参加专项调研和检查督导工作；政党协商后需要办理的相关意见由中共中央办公厅会同中共中央统战部交付有关部门，办理情况一般在 3 个月内向中共中央办公厅报告，并经由中共中央统战部反馈民主党派中央。总之，是要以各种可能的形式，来保障民主党派和无党派人士的知情权、参与权，确保政党协商的规范性、有效性。①

关于政协协商的运行机制。政协协商主要以会议协商的形式举行，主要包括政协全体会议、常务委员会会议、主席会议、常务委员会专题协商会、政协党组受党委委托召开的座谈会、秘书长会议、各专门委员会会议、双周座谈会以及根据需要召开由政协各组成单位和各界代表人士参加的内部协商会议等。此外，还积极开展经常性的对口协商、界别协商和提案办理协商，积极探索网络议政协商。

政协协商的内容。2006 年颁发的《中共中央关于加强人民政协工作的意见》提出了政协协商的内容，主要是：国家和地方的大政方针以及政治、经济、文化和社会生活中的重要问题；各党派参加人民政协工作的共同性事务、政协内部的重要事务以及有关爱国统一战线的其他重要问题。依据政协章程以及 2006 年《中共中央关于加强人民政协工作意见》的规定，政协协商的主要程序是：党委根据年度工作重点，或政协党组提出的建议，或人大常委会、政府、民主党派、人民团体的提议，研究并确定在政协协商的议题；

① 参见《党的十九大报告辅导读本》，人民出版社 2017 年版，第 273 页。

政协党组按照政协章程和有关规定安排协商活动；党委和政府及有关部门负责人就相关问题通报情况、听取意见；政协要及时整理并报送参加会议的各党派团体和各族各界人士提出的意见建议；党委和政府及有关部门对政协报送的意见和建议要认真研究处理，并及时反馈处理情况。

新时代政治协商的领域极为广阔，中国共产党、民主党派和无党派人士都在做出各种积极努力，充分利用好政党协商、政协协商的协商民主形式和制度渠道，切实做到有事多商量、有事好商量、有事会商量，通过协商凝聚共识、凝聚智慧、凝聚力量。完善制度绝不是搞花架子，要做到言之有据、言之有理、言之有度、言之有物，真诚协商、务实协商，道实情、建良言，参政参到要点上，议政议到关键处，努力在会协商、善议政上取得实效。各民主党派和无党派人士要做中国共产党的好参谋、好帮手、好同事，增强责任和担当，共同把中国的事情办好。

2.参政议政的运行机制，以及合作共事的运行机制

参政议政反映了民主党派与国家政权的关系，是民主党派政治参与的重要方式。民主党派参政议政的基本点是"一个参加，三个参与"，即参加国家政权，参与国家大政方针的制定和重要领导人选的协商，参与国家事务管理，参与国家法律法规政策的制定和执行。民主党派、无党派人士在参政议政过程中实现其作为中国共产党好参谋、好帮手和好同事的角色期待，始终保持与中国共产党合作共事的亲密友党关系。

关于参政议政的机制：一是民主党派成员、无党派人士在人大

发挥作用的机制。保证党派成员、无党派人士在人大代表、人大机构特别是各专门委员会中有占比，聘请其中有相应专长的人士担任专委会顾问。中共人大党组成员与担任人大领导职务的党派成员和无党派人士应当经常交流情况，沟通思想；人大及其常委会组织关于特定问题的调查委员会，或就有关问题组织调查研究时，应吸收人大代表中的党派成员和无党派人士参加，或聘请民主党派、无党派的专家。二是民主党派成员、无党派人士参加政府工作的机制。明确要求各级政府都要加强与民主党派成员、无党派人士的联系，就拟提交人民代表大会审议的政府工作报告、有关重大政策措施和关系国计民生的重大建设项目征求意见，并要向其通报国民经济和社会发展的有关情况。政府部门要根据工作业务范围同相关党派建立和加强联系，重要专业性会议和重要政策、规划的制定，根据需要邀请其负责人参加。确保党派成员、无党派人士担任政府领导职务，并以参加活动列席会议、参加督导视察检查等形式参与国家事务管理。支持民主党派和无党派人士积极开展社会服务，充分发挥其反映社情民意、协调社会关系、维护社会稳定的作用。支持党派成员、无党派人士积极开展与港澳同胞、台湾同胞和海外侨胞的联谊工作，推进经贸、科技、文化等领域的交流交往，为祖国和平统一和中华民族伟大复兴做贡献。三是民主党派、无党派人士在人民政协参政议政的机制。各级党政领导机关要积极拓宽民主党派、无党派人士发挥作用的空间，特别是要经常听取参加人民政协的各民主党派、无党派人士的意见和建议；切实做好各项工作。民主党派及其成员，以及无党派人士在政协工作中就国家和社会生活中的重要问题以及人民群众普遍关心的问题，开展调查研究，反映社情民意，通过会议发言、调研报告、提案、建议案或其他形式，向执政党和国家机关提出意见、建议。

关于合作共事的机制：一是培养、选拔、任用党外代表人士的机制，或者说是有关政治安排的机制。中国共产党高度重视包括民主党派、无党派人士在内的党外（即中共以外）代表人士的培养选拔和使用，始终将其作为中国共产党和国家工作全局的重要方面，作为执政党治国理政的政治优势。根据相关文件精神，结合党管干部、党管人才的原则，党外干部被视作国家干部的重要组成部分；党外代表人士队伍建设的总体要求、基本标准、工作原则和目标任务也得以明确；关于党外代表人士的发现储备、教育培养、选拔任用、干部管理等也已形成了一整套制度规范。依据这些规范，在人民代表大会中，民主党派和无党派人士代表、人大常委会委员和人大专门委员会主委、副主委和委员中应有适当的占比；全国人大常委会副委员长、县级以上地方各级人大常委会副主任中应有适当数量的民主党派成员；全国和省级人大常委会中应当有民主党派成员或者无党派人士任专职副秘书长。在人民政协中，民主党派、无党派人士任委员比例不低于60%，任常委比例不低于65%，任副主席比例不低于50%；在政协各专门委员会负责人和委员中、在政协机关中，也都要有一定数量的民主党派成员和无党派人士担任专职领导职务，其中在全国政协至少有1位专职副秘书长。各级人民政府领导班子应配备党外干部，各政府部门除有特殊要求外，均可配备党外干部任领导职务，符合条件的可任行政正职。党派成员、无党派人士任政府领导职务，重点配备在行政执法监督、与群众利益密切相关、紧密联系知识分子和专业技术性强的部门。各级人民政府参事的聘任以民主党派、无党派人士为主体。此外，各级法院、检察院领导班子应配备党外干部，各级各类国家机关聘任特约监督员、监察员、检察员、陪审员、审计员等，也要考虑民主党派、无党派人选。二是保障民主党派、无党派领导干部有职有权的机制。在拓宽党外干部选拔领域的基础上，要充分发挥国家机关、人民团体、国有企事业单位领导班子中党派成员、无党派人士的作用。在坚持民主集中制原则，健全集体领导和个人分工负责相结合制度的基础上，保证党外领导干部对其分管的工作享有行政管理的指挥权、处理问题的决定权和人事任免的建议权；正确处理前述单位里中共党组（党委）与党外领导干部的关系，后者要自觉执行党组（党委）的决定，党组（党委）会议一般要邀请他们列席。根据工作需要，有关文件要送他们阅知，重大问题要向他们通报。三是团结合作和联系交友机制。为加强在国家政治生活和国家政权中的合作共事，中共中央要求中共各级领导干部要对民主党派和无党派人士平等相待、民主协商、真诚合作。中共各级党委的负责人要同民主党派负责人保持联系，经常交流情况、沟通思想、交换意见，交知心朋友，交诤友，在政治上、思想上彼此了解和相互帮助。中共党委有关部门要加强他们的协商合作，积极支持其开展工作。在团结合作中如遇矛盾和分歧，应在坚持四项基本原则基础上，按照"团结——批评——团结"的公式，求得正确解决。

3.民主监督的运行机制

中国共产党领导集体历来高度重视加强民主监督。进入新时代，习近平强调指出，对中国共产党而言，就是要容得下尖锐批评，做到有则改之、无则加勉；对党外人士而言，要敢于讲真话，敢于讲逆耳之言，真实反映群众心声，做到知无不言、言无不尽。① 在坚持四项基本原则基础上，中国共产党、各民主党派和无党派人士间存在建设性、善意和柔性的政治监督。其中，民主党派、无党派人士对中国共产党的监督是一种纠错机制、舆情反馈机制，其实质是对公权力的制约，但不采取刚性权力监督的模式，主要通过提出意见、批评、建议的方式进行。

关于民主党派民主监督机制的建构和运行，首先，它所依据的总原则是在四项基本原则的基础上，发扬民主，广开言路，鼓励和支持民主党派与无党派人士对党和国家的方针政策、各项工作提出意见、批评、建议，做到知无不言、言无不尽，并且勇于坚持正确的意见。民主党派民主监督的内容主要是：国家宪法和法律法规的实施情况；中国共产党和政府重要方针政策的制定和贯彻执行情况；党委依法执政及党员领导干部履行职能、为政清廉等方面的情况。其次，关于民主党派民主监督的形式，整体上包括10种形式，即在政治协商中提出意见和建议；在党委主要负责人召开的专门会议上对党委领导班子及其成员提出意见和建议；对党委党风廉政建设和反腐败工作提出意见和建议；向党委及其职能部门提出书面意

---

① 《习近平同党外人士共迎新春》，《人民日报》2013年2月8日。

见和建议；参加党委有关方针政策、重大决策部署执行和实施情况
的检查，参加廉政建设情况检查、其他专项检查和执法监督工作；
受党委委托就有关重大问题进行专项监督；民主党派成员、无党派
人士中的人大代表在人大会议中提出意见和建议，参加人大及其
常委会和各专门委员会组织的有关调查研究；在政协召开的各种会
议、组织的视察调研中提出意见，或者以提案等形式提出批评和建
议；对人民法院、人民检察院工作提出意见和建议；担任司法机关
和政府部门的特约人员参加相关监督检查工作。① 最后，人民政协
是民主党派发挥民主监督作用的重要场所。民主监督是人民政协也
是民主党派的一个主要职能。人民政协的民主监督是参加人民政协
的各党派团体和各族各界人士通过政协组织对国家机关及其工作人
员工作进行的监督，也是中国共产党在政协中与各民主党派和无党
派人士之间进行的互相监督。根据中共中央部署，在总结经验基础
上，中共中央办公厅于 2017 年印发《关于加强和改进人民政协民
主监督工作的意见》，明确了人民政协民主监督八个方面的主要内
容，明确了人民政协民主监督的主要形式，具体包括会议监督、视
察监督、提案监督、专项监督及其他形式的监督。此外，这个《关
于加强和改进人民政协民主监督工作的意见》还规范了人民政协民
主监督的程序：一是关于确定监督议题，重点监督议题纳入政协年
度协商计划，征求政府意见后，报中共党委讨论确定；二是关于组
织监督活动，重点监督议题应安排政协主席会议成员牵头负责；三

---

① 《中国共产党统一战线工作条例（试行）》，《人民日报》2015 年 9 月 23 日。

是关于重点监督意见，要根据需要由政协主席会议研究审议后报送；四是关于办理监督意见，对政协会议监督意见等报告，中共党委、政府应专题研究，或交相关部门办理，党政督查部门要加强对办理情况的督查。

相比较而言，适应国家治理体系和治理能力现代化的整体要求，在当前中国新型政党制度的运行中，民主监督是受关注程度最高、创新发展空间也最为广阔的方面。在 2015 年中央统战工作会议上，习近平指出："拒谏者塞，专己者孤"，"要从制度上保障和完善民主监督，探索开展民主监督的有效形式"。为贯彻这一精神，探索开展民主监督的有效形式，2016 年 7 月，中共中央邀请各民主党派与八个省份对接，开始对此前做出的扶贫攻坚重大部署的贯彻落实情况开展民主监督。这是新中国成立以来中共中央首次就一项具有全局性的工作请民主党派予以专项监督，开辟了民主党派履行监督职能的新领域，也切实拓展了民主监督的空间。未来新型政党制度运行中的民主监督将更加丰富、完善和有效，并将同人大监督、民主监督、行政监督、司法监督、群众监督、舆论监督等其他监督形式一起，形成决策科学、执行坚决、监督有力的权力运行机制，确保党和人民赋予的权力始终用来为人民谋幸福。

概言之，较之其他国家的政党制度，中国新型政党制度最大的创造就在于多党合作、政治协商，而中国民主政治始终有民主党派充分发挥参政议政、民主监督、参加有领导的政治协商的政治效能，这是其他任何政党制度都不具备的特质和优势。好的结构、好的政党关系当然会充分体现在政治过程和政治运行中，必然伴随不断完善和优化的政党制度实践及发展。在现当代中国，中国共产党、各民主党派都始终秉持"长期共存、互相监督、荣辱与共、肝胆相照"的方针和原则，都是惯于、长于通过平等协商特别是建设性批评来相互砥砺、合作共事、共同服务于国家和人民根本利益的友党。一方面，民主党派、无党派人士要搞好自身建设、要充分发挥好政治作用，都离不开中国共产党的领导和帮助；另一方面，中国共产党要赢得充分信赖、形成坚强有力的政治领导、要不犯颠覆性错误，也离不开民主党派、无党派人士的支持和监督。对中国共产党而言，民主党派是自己最难得的好参谋、好帮手、好同事。对中国共产党、各民主党派和无党派人士而言，大家相互间都应是诤友、挚友。诤友，是讲真理、讲是非对错的，不管朋友的政治地位多高、不论大家交情多深，只要有不对，就一定要指出来；挚友，是讲感情、讲真心实意的，不管朋友面对多大困难与挑战、不论其有过怎样的过错与不足，只要是为了大家好，那就总是要不离不弃。此种政党关系是西方竞争性政治生活中所没有的，也是传统社会主义国家所仅见的，我们就是要走自己的路，创造出这么一种新型关系、制度来。既能实现一党正确领导，又存在多党派长期、一贯的制度化和有实效的异体监督，只有这样的政党制度，才能根本保障中国经济社会的长期发展和繁荣稳定。所以，无论是中国共产党、民主党派、无党派人士还是广大人民群众，都应当珍视自己长期探索的成果，确立和不断巩固新型政党制度自信，不断在改革和发展中一步步坚持好、完善好和发展好这一政党制度。

结语：始终不渝地坚持完善和发展中国新型政党制度

　　在中国共产党的领导下，伟大的中国人民彻底完成了民主革命、社会革命，继而以无比的勤劳、智慧和勇气推动前所未有的社会主义探索与建设、改革与发展的历史伟业，从而真正地站了起来、富了起来，也强了起来。没有共产党就没有新中国，中国新型政党制度本身也成为我国国家治理现代化的轴心所在。没有民主就没有社会主义，中国新型政党制度本身更是我国新型人民民主有效运转和不断完善成熟的关键所在。当代中国，伴随中国特色社会主义进入新时代，面对伟大事业和伟大梦想，我们必须更加牢固地树立"四个自信"、更加坚定不移地走中国特色社会主义道路，更加坚定不移地坚持和完善中国共产党领导的新型政党制度。这当中，最关键是要真正处理好"坚持"与"完善、发展"的关系，实现我国现代化、民主政治/政党政治的协调发展。任何事物都必须不断地调试其自身以适应环境的变化、发展的需要。我们说中国政党制度之所以"更中国"、更适宜中国的现代发展，也是因其一直都在与时俱进，都在不断地创新和发展。"苟日新、又日新、日日新"①，只有在坚持原则基础上不断拓展和深入创新发展，才是中国新型民主和新型政党制度的自处之道，才是我国政治生活健康发展的必由之路。

一、中国新型政党制度的本土优势和比较优势

无论是从纵向的历史比较来看，还是从横向的国别比较来看，由于实现了民族性与现代性的有机统一，当代中国的新型政党制度是一种优秀的政党制度。具有较之他政党制度"我有你没有、我能你不能"的政治特质、政治优势。正因如此，新中国七十多年来，中国共产党、中国人民才能创造出世所罕见的经济快速发展奇迹和社会长期稳定奇迹，中华民族才迎来了从站起来、富起来到强起来的伟大飞跃。

（一）合乎中国国情、"更中国"的本土优势

我们说政党制度的"更中国"，就是它更合乎中国国情、更有利于正确把握和有效解决中国的问题。要解决哪些中国问题呢？稳定问题、团结问题、发展问题和复兴问题。说到底，是秩序问题，包括当下的秩序、理想的秩序。我国社会理想的秩序，是实现发达的社会主义、共产主义，也就是创造性地继承和实现中国人民的千年一系的光荣梦想——大同理想。至于我国社会当下的秩序，则是

---

① 《礼记·大学》。

初级阶段中国特色社会主义的秩序，它由我们的核心价值观念、核心利益格局这么两个大的方面构成。在核心价值观方面，它集中体现在富强、民主、文明、和谐，自由、平等、公正、法治，以及爱国、敬业、诚信、友善上面。在国家层面上，我们强调富强、民主、文明、和谐，在社会层面上，我们突出自由、平等、公正、法治，在公民层面上，我们弘扬爱国、敬业、诚信、友善。从语词名目上讲，这些基本的价值范畴与西方价值还是有某些相似之处的，但它毕竟是近代以来中国人长期探索的心得，因而被赋予了更多独特的中国意蕴。譬如我们就把国家的富强、民主、文明与和谐放置在第一位阶，赋予其最强的关注度，更突出了国家、政治共同体相对于社会的优先性；而在西方人那里，则是更倾向于将自由、平等、法治和民主一起置于优先地位，其法政体系当然也更多地突出了公民、社会的优先地位。在核心利益格局方面，我们强调公有制为主体、多种所有制成分共同发展；我们也坚持按劳分配为主、多种生产要素参与分配。作为支撑上层建筑的经济制度的保障，我们在这两方面也是根本有别于西方社会的。概言之，核心的价值观念、核心的利益格局，这是中国政治的圆心、锚定点，是中国人民凝聚共识、中华民族向心团结的出发点，它是中国经历了百年沧桑才有幸获致的，是中国共产党领导中国人民经过长期艰难探索才得来的。没有了这样的秩序，中国人努力获得的一切都可能得而复失。在当代中国，谁对这一秩序最有感情最珍视它？谁最有责任也最愿意实现和守护这一秩序？谁最有能力坚定不移、矢志不渝地来完善和发展这一秩序，并使之最终升华到更高级的发达社会主义、中华民族伟大复兴的新阶段新境界？当然非其建构者中国共产党及其所有忠实的政治盟友莫属。在中国，要解决所有问题，关键在党、关键在坚持和完善新型政党制度。

中国共产党、中国新型政党制度为什么能更好地解决中国问题？因为它比古往今来中外所有其他政党制度都更贴近中国、更适合中国。第一，它是中国共产党、中国人民和各民主党派、无党派人士的伟大政治创造，是从中国土壤中生长出来的新型政党制度。因而是基于中华文化自觉、中国国情和需要的政党制度。第二，它遵循中国特色的权力—责任逻辑，符合中华民族一贯倡导的天下为公、兼容并蓄、求同存异等优秀传统文化，是对人类政治文明的重大贡献，因而是出于中国政治的传统、基于中国政治的经验的政党制度，从而更有利于中国人独立自主地思考和解决本国生存和发展问题。第三，它传承了中华民族一以贯之的一体多元、多元一体的大一统政治架构，构建了一体多元、统一协和的当代中国政治体系并成功驱动其有效运转，因而更好地维护了整体利益、兼顾了各方面利益，从而最有利于中华民族、中国人民的向心统一，最有利于社会团结、民族融合与中国国家统一。第四，它继承了我国政治开放、兼容并蓄的优良历史传统，有利于充分借鉴吸收但不机械照抄照搬人类社会一切政治文明优秀成果，从而能不断促进中华政治文明的创新和发展。

政治制度唯有自然生长而来的最靠谱。中国不是没有抄过、搬过国外政党制度，但都没有成功。不只中国，中外政治发展史也一再表明，没有任何国家可以完全靠移植、靠照抄照搬其他国家的政治制度／政党制度，就能取得政治上的成功和经济社会上的稳定发展。

对大多数没经历过、不熟悉西方生活方式的国家的人民而言，贸然适用西方自由民主、竞争性政党政治是危险的，是要付出惨痛代价的。原因很简单，你从来没像西方人那样生活过，不可能熟悉和熟练运用他们的政治逻辑、游戏规则（或会与你自己习惯了的逻辑、规则截然相反），那你怎么能搞得好呢？西方人自中世纪以来就在探索、构建代议政制，早就习惯了政治市场竞争，他们搞多党制、定期拆装政府的成本也早已降到自己可以接受的水平了。我们要迅速完成制度置换、在短期内做到这一点，行不行？西方政治生活千百年来已经逐渐释放掉的政治压力（类似地质学上导致地层扭曲、破裂的内应力），我们就这么懵懵懂懂、要在一夜间将这样的压力全部释放掉，这场"地震"的烈度、破坏性得是多么惊人?!自由民主、多党竞争也许是适用于西方权利—义务政治的良方，但于中国人而言，它并不适合、也显非最好。我们确信，政治制度没有最好，只有最合适。每一种政治制度都对应着某种特定的生活方式和文化传统，都致力于某些特殊的失序或无序的问题，都希望形成特定的可以想望的公序良俗，这正如每一个药方都对应着特定的病症，都致力于恢复或保持特定生命体的健康一样。医生是不能乱开方子的，必须望闻问切、因病施治；思想家、政治家乃至一国国民也是不能随便采行别国制度的，必须实事求是、因地制宜。

不仅照抄、照搬别国经验与模式不足取，对别国的评判标准也还要批判地予以辨别。普世的政制评价标准大概只存在于理论层面，而问题的关键还在于实践。由于政治逻辑不同、政治体系和政治实践相异，检验一国政制是否为良政善治的标准也就不一样。我们当然不应在这个关键问题上失却主体性，犯下寓言中爷俩抬驴、莫衷一是的错误：爷孙俩赶头驴出门，爷爷骑驴路人甲说不照顾小孩，孙子骑驴路人乙说不孝敬老人，爷俩都骑驴路人丙又说不爱惜畜力，没主见的爷孙俩就只好抬着驴走路。我们还是要有适当的、合乎本土习惯和要求的自己的标准。一是邓小平提出的"三个有利于"的标准：是否有利于发展社会主义社会的生产力、是否有利于增强社会主义国家的综合国力、是否有利于提高人民的生活水平。① 二是习近平所提出的"八个能否"的标准：国家领导层能否依法有序更替；全体人民能否依法管理国家事务和社会事务、管理经济和文化事业；人民群众能否畅通表达利益要求；社会各方面能否有效参与国家政治生活；国家决策能否实现科学化、民主化；各方面人才能否通过公平竞争进入国家领导和管理体系；执政党能否依照宪法法律规定实现对国家事务的领导；权力运用能否得到有效制约和监督。② 这两个标准是一脉相承和内在统一的，都指向是否能为中国人民谋幸福、为中华民族谋复兴。正是要为了这样恢宏、远大的政治目标，我们的政治制度、政党制度才"更中国"。

（二）构建运行现代民主政治的另一种选择

就支持和保障社会的转型以及国家现代化的进程而言，中国新

---

① 《邓小平文选》第 3 卷，人民出版社 1993 年版，第 372 页。

② 习近平：《在庆祝全国人民代表大会成立 60 周年大会上的讲话》，《十八大以来重要文献选编》（中），中央文献出版社 2016 年版，第 60 页。

型政党制度无疑是另辟蹊径，创造了一种新的思路和模式。它虽然只是适用于中国的政治发展和现代化实践，而且中国人也的确不愿意将其视作另一种所谓普世模式而强加于人，但其本身还是不无启发、借鉴意义的：此种政党制度的相关理论和实践以独特的逻辑进路、别致的政治过程，实现了对社会资源与社会生活的再组织，特别是独立探索和尝试了对于权力、权利等关键政治要素的重新建构，丰富了现代政治的内容，创新了现代民主的思维、形式和路径，拓展了现代政治、现代民主的选择空间。这些对于其他文明、其他民族而言，能有助于重新思考同政治生活有关的一切基本问题，重新丰富、界定对相关概念与范畴的理解，重新思考现代政治秩序与政治制度的建构问题以及政治行为与政治过程的组织问题，从而可能在全球史演进的新阶段上促成人类政治文明的新突破。

近代以来当人们谈论现代化时，也就是在讨论全球化。从全球史、人类文明史角度来看，现代化本身实际上是不同文明间交流、互鉴和融会的结果。自文艺复兴至启蒙运动 500 年间，正是因为"东学西渐"、"西学东渐"的奔流、激荡和会通，西方世界才得以在深受（传教士带回的）中国学（Sinology）启发的基础上，开拓了视野、创新了思维，获致了率先进入人类近代化或现代化的机缘。俱往矣，还看今朝。中国的多党合作和政治协商在现当代中国社会资源整合和配置利用上，在社会资本的形成和社会生活的组织协调上，都根本不同于西方自由竞争旗号下政商精英集团垄断操控的传统模式。在新型政党制度规范协调下，中国政党政治一方面积极引领社会生活的开放、进取，与世界接轨，拥抱和吸收人类现代文明的一切优秀成果；另一方面自觉主导传统社会的革新、创造、返本开新、批判扬弃，坚守现代化的民族本位，同时努力祛除一切保守、陈旧的东西，充分调动和发挥民族文化的活力和人民群众的自主性、创造力。由此，我国社会走出了一条非西方模式的现代化道路：从现代政党引领和推动政治变革开始，推动经济社会的发展，继而实现政治现代化与经济社会文化现代化的同频共振，实现全部社会生活领域的科学发展、协调发展。此种为中外政学界人士热议的中国经验，虽非我们骄傲、自夸的资本，但对那些有意探索自身现代化模式而又尚处于转型、迷茫或困顿中的国家而言，却也不乏其启发意义和借鉴价值。

因为新型政党制度的关系，我们事实上建构、形成和发展了民主政治的新方案、新经验。它们在理念上、制度上和实践上借鉴了西方古典民主及现代民主的有益成分，且基于中国独有的政治环境和政治需要，反思、扬弃了西方民主思想和民主实践，因而更加充实和丰富了民主政治的现代性，使之更有利于现代民族的和谐、更有利于现代国家的统一、更有利于现代世界的和平与发展。在美国长久基金会的一次访谈中，新加坡外交官、政治学者基肖尔·马布巴尼就点明了西方中心主义对西方人曲解、敌视中国政治制度的消极作用。他讲，西方到了正视中国制度的时候了。这一提示也已成为一些愿意客观、正面和善意地看待中国实践的西方人的行动。美国未来学家约翰·奈斯比特就认为中国人已经创造了一种新型民主模式——"纵向民主"。他指出，通过政府权威与民众意志的双向互动，中国逐步建立了一种纵向民主机制。这种模式在现行体制的前提下逐步提升了社会自由度，保障了中国社会实现平稳转型。支撑中国社会长治久安最重要、最微妙也是最关键的支柱，就是自上而下与自下而上力量的平衡。这是中国稳定的关键，也是理解中国独特政治理念的关键。① 关于民主的中国模式，加拿大学者贝淡宁指出，它是高效服务于人民的"贤能政治"②。美国政治学者、专栏作家阿尼尔·西格德尔则认为，中国共产党领导的多党合作和政治协商制度拓宽了民主的形式；中国共产党和各民主党派有共同的目标，代表社会不同阶层利益，因此避免了社会分裂和政治极化，也避免了选战及政治斗争……包括美国在内的西方国家要改良政治体制，是时候重视中国经验了。③ 确实也有一些国家参考、借鉴了中国经验。譬如当代俄国政治体系中关于民意表达的板块，除了议会两院联邦院和杜马之外，还有一个公民院，它是非权利性质、论坛性质的组织，同我们国家的人民政协还是很相似的。此外，即便是那些不太友好、仍戴着意识形态眼镜来看中国的西方政学界人士，也不得不将中国 40 多年来的繁荣进步成就同中国的政治制度、政党制度联系起来。较之于对当代中国政治体系的研究，他们似乎更乐意深入了解当代中国的政治过程，更关心中国政治生活中权力到底是怎样具体运行的。

因应此类关切，我们认为，中国政党政治 / 民主政治在当代

---

① ［美］约翰·奈斯比特：《"自上而下"与"自下而上"的结合》，《党政干部文摘》2009 年 11 期。

② ［加拿大］贝淡宁：《贤能政治》，中信出版社 2016 年版，第 30 页。

③ 章念生、张朋辉、胡泽曦：《一些美国学者认为，西方国家的政治极化加剧治理困境"是时候重视中国经验了"》，《人民日报》2018 年 3 月 19 日。

政治实践、政治过程中高效成功的秘诀，同时是中国新型政党制度"更现代"的比较优势，集中体现在如下几个方面：一是不搞轮流执政，没有轮流执政和常态化的选举所导致的政党政客、官僚政府不能安心履职的情况，执政过程自然不会失之苟且，政府政策眼光就相对长远和宏阔，这就使中国的责任政府更强于战略擘画，且更能较好地维持战略、政策的一贯性。二是不搞分立政府，多党合作有利于齐心协力、同向同行，民主监督替换了否决政治，整体上较少出现对立纷争导致政府空转、内耗严重和治理效率低下的情况，政党政府更富于治理效率，国家治理、国家发展的绩效自然也更加优异。三是不搞金权政治，中国共产党和它的所有政治盟友们不忘初心，始终以人民为中心，始终警惕资本对社会生活、对政府政治的"收购"，因而更能够反映和代表、维护和发展最广大人民群众的最根本和最长远利益，更长于造福人民。四是不搞政治交易，更利于培养和使用政治家。没有常态化的选战和议会斗争，就不会迫使政治家蜕变为随时准备交易且善于交易的掮客，以及缺少政治理想和原则坚持的政客；以德才兼备的标准选拔人才，以制度化的培养、锻炼和历练来造就职业政治家群体，既能确保其整体素养的高水准，又能使他们在各自的位置上准确、高效地完成体制所赋予的政治使命。五是不搞恶性竞争，政党政府得以更理性地整合社会。不搞公开的政治市场竞争，就不会有什么市场均衡的问题。因为没有这方面的顾虑，政治联盟、友党合作政治的相关主体也就能更自由、平等和充分地表达其意见和主张，从而更有利于强大的执政党、政党政府更及时全面地了解人民群众，并高效率地主导形成全社会认同的政治共识、政治议程。

概言之，中国新型政党制度、新型民主政治实践以"最中国"的民族性的内容与形式，充分地体现、诠释了民主政治的一般性，同时创新、丰富了民主政治的现代性。

二、坚持、完善和发展新型政党制度，推进中国国家治理的现代化

制度确实需要长期稳定，而政策也确实需要连贯性。此种心理往往使人们趋于保守，忽视以至于想不到自主、自觉地去改革和完善它们，因而也往往诱发制度或政策的惰性、劣变。对此，现当代中国人一直都是很清醒的。我们对新型政党制度充满自信，但却从来都没说过它就是最好的政党制度、已经尽善尽美了。辩证法告诉我们，一个事物若是"最好了"、"完美了"，那它也就没有更好的发展前途了。习近平曾坦诚、坦率地讲："中国特色社会主义民主是个新事物，也是个好事物。当然，这并不是说，中国政治制度就完美无缺了，就不需要完善和发展了。制度自信不是自视清高、自我满足，更不是裹足不前、固步自封，而是要把坚定制度自信和不断改革创新统一起来，在坚持根本政治制度、基本政治制度的基础上，不断推进制度体系完善和发展。我们一直认为，我们的民主法制建设同扩大人民民主和经济社会发展的要求还不完全适应，社会主义民主政治的体制、机制、程序、规范以及具体运行上还存在不完善的地方，在保障人民民主权利、发挥人民创造精神方面也还

存在一些不足，必须继续加以完善。"① 着眼、着力于国家治理现代化，要坚持好、发展好和完善好中国的新型政党制度，一是要致力于推动国家治理体系的改革和优化，二是要致力于拓展、挖掘和不断释放中国特色政党政治的效能。惟其如此，国家治理现代化的价值理念和目标追求才能更切实地贯穿我国政治生活的各方面、各领域，而中国新型政党制度也才能更好地嵌入国家治理现代化的政治进程中。

（一）坚持完善我国政治体制，深入探索中国特色社会主义协商治理模式

中国特色社会主义协商治理模式，就是中国共产党领导的，包括各民主党派和无党派人士以及其他多样性、多层次的政治主体参加的，以协商民主形式与过程推进国家治理现代化的政治体制及其运行模式。经过几十年中国特色社会主义民主政治的建设和发展，我们已经初步具备了相关的体制基础和能力基础，也基本形成了一种比较稳定和高效的模式。未来在这一方面进一步绵绵用力、久久为功，在坚持和完善我国政治体制的基础上探索中国特色的协商治理模式，是一种由历史接续而来的关于政体宏观建构的继续。

第一，最关键的是要坚持和完善党的领导。中国特色社会主义的本质特征、最大优势是中国共产党的领导。坚持和完善党的领导，是多党合作的根本所在、命脉所在，也是国家治理现代化的先

---

① 习近平：《在庆祝全国人民代表大会成立六十周年大会上的讲话》，见《十八大以来重要文献选编》（中），中央文献出版社 2016 年版，第 62 页。

知·识·链·接

　　关于功能、职能与效能的区别。我们可以这样来理解：功能与事物的结构相关，是由特定的构造所决定的事物的用途；职能与被赋予的角色或价值期待有关，是特定组织或个体因其权力、地位而应当承担的责任或应当发挥的作用；效能则是被赋予期待的主体实际上承担了怎样的责任、发挥了怎样的作用。譬如一把菜刀，它的结构首先注定了它的功能是劈砍；菜刀在极端情况下也可以用来做武器、凶器，但其（正当、适宜的）职能毕竟还是去料理食材，至于菜刀切菜好不好用、快不快以及切了多少菜，这个则是效能。

决条件。在国家治理及其现代化的视野中，坚持和完善党的领导，就要更好地发挥党总揽全局、协调各方的领导作用，有效推进政治生活领域中的各项改革和发展，并相应提供坚强的政治支持、政治保障。但总揽不是包办，协调不是取代。党的领导最根本的是政治领导，是政治方向、政治原则和重大决策的领导，它体现在党的路线、方针和政策上，而不是要党的各级组织越俎代庖、疲于奔命。党的领导关键在于立党为公、执政为民。党要科学执政、民主执政、依法执政，就要支持人大、政府、政协、法院、检察院等依法开展工作，就要支持各民主党派、人民团体和人民群众积极参与国家治理、参与国家大政方针和各项政策的制定和执行。依托我国政党体制、国家治理体系实现党的领导并长期保持这一领导地位，关键是要靠执政党自身活动的合理性、权威性来实现。党的政治领导一定要有高度的权威，此种权威一定要来自成功的说服和模范的带动。党的领导更多的是要靠高效率、高效益的治理及其产出的政策产品和政治成就，要靠执政党自身先进性对于人民群众的吸引力，以及人民群众发自内心的向往和认同。因此，衡量党的执政能力、领导水平的一个关键方面，在于能否领导统一战线和多党合作、领导国家治理和改革发展永远朝向合规律性与合伦理性的方面。在当前，将党领导国家治理的秩序目标、制度规范融入治理体系，统筹推进党和国家领导体制的改革，是非常必要的举措，是形成和完善中国特色协商治理模式的关键一步。体现在政党政治领域，就是要

"四新"：2018 年 2 月 6 日，习近平在同各民主党派中央、全国工商联负责人和无党派人士代表座谈并共迎新春时强调指出，中国特色社会主义进入新时代，多党合作要有新气象，思想共识要有新提高，履职尽责要有新作为，参政党要有新面貌，引导广大成员增进对中国共产党和中国特色社会主义的政治认同，使新时代多党合作展现出勃勃生机。

"三好"：2018 年 3 月 4 日，习近平在参加全国政协十三届一次会议的民盟、致公党、无党派人士、侨联界委员联组会上，希望各民主党派和无党派人士要做中国共产党的好参谋、好帮手、好同事，增强责任和担当，共同把中国的事情办好。

按照"四新三好"的要求，巩固和谐政党关系、搞好多党合作特别是建设好中国特色社会主义参政党，充分发挥好民主党派、无党派人士的政治作用。

第二，要坚持、改进和完善民主集中制。民主集中制是正确规范了我国政治生活、科学处理各方面政治关系的基本准则和基本组织制度。它合乎中华政治的文明根性，反映和体现人民民主的政治原则、政治本质，促进和实现了我国民主和治理的"议要多元、行要统一"，是保证党和国家各项路线方针政策正确制定和执行的科学的、合理的、有效率的制度，是我们政治组织优势、制度比较优势之所在。我们必须在治国理政的实践当中始终坚持它、维护它。要始终把贯彻落实民主集中制放在突出位置来看待，把更好、更坚决地贯彻落实民主集中制作为党的建设、民主建设和国家治理的一个系统工程、核心工程来抓。一是要把民主集中制原则贯彻到推进国家治理体系和治理能力现代化全过程，使党和国家领导体制更充分、全面地展现民主集中的特色。二是要把民主集中制原则贯彻到包括政党制度在内的各项政治制度的实践当中，使之成为我国协商治理最终的组织手段、组织特色。三是要更加注重和兼顾民主与集中两个方面的均衡，在政治意识、政治行为及过程中不能有任何的偏废，尤其是不能只强调集中而忽略民主。总之，是要一方面坚持和完善中国共产党的领导，保证中国共产党的执政地位，充分保障国家政权运行的效率，便于集中力量办大事；另一方面通过扩大政治协商的范围和规模，探索多种合作协商渠道，促进民主党派、无党派人士及其他相关政治主体有序、有效地参与国家管理和民主监督，最大限度地实现并贯通党内民主、党际民主和人民民主。这是形成和完善中国特色协商治理模式的基本要求。

第三，要促进中国新型民主政治广泛、深入和持续发展。中国民主政治的文化基础及其运行逻辑不同于西方。当代中国是通过代表政治、议行合一和多党合作来实践人民民主的，是通过不断巩固和壮大统一战线、政治联盟以及充分发挥人民群众主体作用来发展人民民主的。由此，中国民主制度的安排就是要实现和确保作为根本制度的人民代表大会制度、作为基本制度的新型政党制度这两者的有机统一，实现人大代表民主（刚性权力制约）同多党合作、人民政协协商民主（柔性民主监督）的协调发展和融会贯通。人民代表大会制度直接体现我国政治的民主性、现代性，直接体现主权在民、以人民为中心的政治原则和政治伦理，它确认人民群众的决定权以及人民意志的至上性，因此能够充分保障人民以整体的力量承担国家政权的组织与治理并监督国家权力的运行。中国共产党领导的多党合作与政治协商制度充分体现中国政治的民族本位性质和社会主义性质，能够充分保障中国人民直接参与政治，充分保障其内部各利益主体独立自主表达利益诉求、共议大政方针、监督党和国家、促进人民团结。通过这两个制度的有机统一，以党的领导、多党合作和政治协商来驱动我国政体高效运转，在避免分权纷争的基础上，在民主政治的民族形式和演绎方式上实现并贯通中国特色的选举民主和协商民主，促成中国特色有领导、重共识和善协作的新型民主广泛深入发展，是形成和完善中国特色协商治理模式的根本所在。再就是，新型民主的永续发展也离不开现代民主土壤的培植、政治文化的现代化，我们要在返本开新、创造性转换、坚守中华政治"人和政通"传统主导和主流地位的同时，学会理性对待、积极改造和吸纳融会源于西方的"我群权界"的某些政治价值和制度要素。

（二）在政治过程中不断提升当代中国政党政治、协商治理的质量和水平

人民民主、现代国家治理推重和遵循人民意志。当代中国人民意志的形成和贯彻既要有权威性，又要体现共和原则、基于最大公约数。融会这两方面要求，中国共产党治国理政首选的政治形式就是协商民主。至于选举民主，它当然不可或缺，但还是要在广泛协商政治充分凝聚共识的基础上才能有效运作。在中国，多党合作、协商治理不只是工具性的，更是实现了价值、制度与程序有机统一的共和新形态和治理新模式。在可以预见的将来，没有协商治理的大发展，就不会有成熟的新型共和、新型民主；多党合作、协商治理不全面适用和贯穿于全部的政策过程和政治实践，也不会有卓越的政治领导、政治团结和政治稳定。所以，中国多党合作制度与国家治理现代化最具基础性的理论和实践问题，就是如何在具体的政治活动中、在鲜活的经验积累意义上，去切实地提升我国政党政治、协商治理的质量和水平。

一是要提升协商治理主体的素质与能力。理论上讲，当代中国协商治理的主体是中国共产党领导的人民这一最广泛政治联盟的所有成员，特别是那些有参与政治意愿和相应能力的人们，他们同

掌握权力、主导我国政治生活的党和政府一起结成多元的协商治理的主体结构。无论是主导者还是参与者，面对迅速发展变化的世界风云和国内社会，都必须不断地学习新知识新本领，以充分适应新时代和新情况、新矛盾和新问题。此种学习、提升的过程不是抽象和孤立存在的，而是要依托具体的治理实践、实际的政策活动渐进完成的。就我国协商治理的主要政党主体而言，适应现代化深入发展要求的能力和素养的提升更是尤其必要。这些能力和素养，既包括客观理性认知特别是逻辑判断推理的方面，又包括必要的反思能力、想象力和创造力的东西。在新世纪、人类文明发展的新阶段上，这些能力是任何政治主体适应生态变化、永续存在和发展的最起码的东西。科技创造使社会生产、生活方方面面都变得越来越纷繁复杂，而这势必就要有越来越精密化的生产组织管理，以及越来越精致化的现代国家治理。面对此种趋势，反思能力、想象力和创造力不惟是社会生活主体在复杂生态条件下自保的能力，更是政党政治、国家治理主体所必备的生存能力。与它们直接相关，执政党的执政能力，以及参政党的参政议政能力特别是民主监督能力——它们作为政党基本的、必备的政治／政策能力（特别是政策把握能力、政策想象力）也都必须跟得上、足够用。相比较而言，我国政党是新类型的积极作为的党，我国治理体系是新型的、能动构建的治理体系，我们在政党能力、政治能力建设方面向来都有着更强的自觉性、主动性，未来我们应当继续发扬这一优势。

二是要重视政党政治过程，优化协商治理程序。切实发挥好政党在国家治理中的重要主体作用，首先就要不断健全、完善和始终严格遵守包括宪法法律在内的各项政治制度，充分依托制度来规范、保障各方面主体的权力运行和权利行使，全面依托制度来规范权力的运行、促进政治活力的释放。其中一个很重要的方面，也是此前关注不够的地方，就是不能总是从规范与实体的角度去理解和刻画民主、参与。强调实体性的东西是我国制度的特长、优势，但却不能因此而忽视程序性的东西。须知，恰恰是程序的完整、严密和可靠，才使实质民主更现实、更真实。要把协商治理搞好，把中国民主和国家治理目标落到实处，就得关注更贴近政治实践、更直接影响政策活动的政治过程与程序。长期以来，我们确有片面重实体的民主观／治理观，只看动机或结果而不论其他的习惯，这就很容易简单、机械和形而上学地看待政策问题，很容易束缚相关政策主体的积极性和创造力，此种状况必须改变。忽视程序合理性、正当性的原因，恐怕还在于习惯用选举民主更重结果的思维来看协商民主。这是一个误区。协商民主更重过程，即便协商最终并未形成一致意见，但其过程本身也使参与者有了完全的参与的经验。当然，协商后没有共识的结果也可理解为另一种共识，那就是大家一致倾向于认为解决相关政策问题的条件尚不具备、时机尚不成熟等。总之，是要以科学、合理和具备了适度刚性约束的协商程序来保障协商过程理性、平和地展开，并能够自然地走向由其自身规律性所客观决定了的结局——形成某种解决或搁置相关政策问题的共识。在这一方面，要做到、做好这一点，就要全方位地满足来自党、国家和人民群众的协商治理的需要，就尤其要在议事过程和议事规则等与经验细节相关的方面用足心思、下足功夫。应当清醒地看到，正是因为我们向来太过注重规范和体系的问题，导致了对于经验和实证性问题（譬如民主监督问题）的探索仍留有空白，所以才有一个政党制度效能仍有待显著提升的问题。

三是要不断完善民主监督的体制机制、不断强化政治监督作用。作为权力—责任逻辑主导的治理体系和治理过程，中国新型政党制度当然要兼容多元化多方面的意见表达，在政策上要正确对待和认真考虑批评、反对的声音。至于一党领导和执政、多党合作和参政的政党制度，它在构建的理念上首先也是为了倾听不同的声音、为了确保持续且有效的异体监督。当然，我国人民民主范畴中的监督在内涵上、在体制机制上并不同于西方。除了那些充分且必要的、基于宪法法律的刚性权力监督外，我国其他形式的监督特别是政党间的监督，都应是基于四项基本原则的建设性、柔性的民主监督。此种性质和特点的监督对于构建和维护和谐的关系和氛围，对于促进协商民主和互动治理广泛和深入发展，都是非常必要的。我国政党政治不搞分权模式的刚性监督，这是协商政治原则，也是出于一院制、议行合一的原则。多党合作、协商政治、民主监督，这是我国国家治理免于陷入一些误区、少走不少弯路的政治保证，也是我们能够集心聚力、集思广益创造出长期繁荣稳定发展大好局面的政治原因。但还是得清醒地看到，较之我们构建监督体系的初衷、现实治理实践的需要、人民群众的迫切要求，我国民主监督还是有必要进一步强化和完善，必须尽快弥补其建构性强于经验性这一方面的不足。这不光是个顶层设计的问题，还是一个如何在具体监督中创造性施展的实践经验问题。中国新型政党制度及相关实践面对越来越复杂精致的社会和国家治理问题，犯错的成本、代价也越来越高。这将是我国执政党、参政党和各方面协治主体所要共同面对的考验，也将是各方面首先会在日常的政治生活、政策过程中的碰到的问题。既然问题不以人的意志而存灭，那么最好的选择还是切实思考怎样强化民主监督、政治监督并将其落到实处。当然，有一个重要的前提，那就是法定的权力监督一定要强起来、硬起来。不能有这样的错位——原应属于权力监督的问题反倒进入了民主监督、政治监督的视野。此外，还有一个在切实夯实、做好民主监督方面取得实质性突破的问题。譬如当前我国民主党派受命承担的诸如扶贫监督等各种专项监督任务，都是出于这样的考虑。

在当代中国政治生活中，无论在任何情况下都应当坚持、完善党和国家的领导体制，都应当强化和优化多党合作、政治协商和民主监督，从而从根本上维护人民利益、构建强大现代国家。十八大以来，随着中国特色社会主义进入新时代，中国政党制度的历史发展也已推进到了一个新境界。为了不断趋近、最终实现中华民族伟大复兴的宏伟目标，我们首先就必须有高度的自信、强大的定力、不懈的努力，同时大力解放思想、实事求是，在政党体制、政治体系的继续构建和完善上，在以具体政策活动强化和维系政治秩序的过程中，在党的领导、多党合作、政治协商中不断推进我国政治发展和国家治理现代化。在新时代，中国将更广泛、深入地吸收和融会人类优秀政治文明成果，也将以本民族的创造更全面、更强劲地推动人类文明发展，未来包括政党制度在内的中国政治生活也将在更高层次上实现现代性与民族性的新的有机统一。我们必须矢志不渝地坚持、完善和发展中国的新型政党制度。

大江东去，逝者如斯；星汉奔流，北辰永驻。千年以降，先贤们创造了辉煌灿烂的文明。先贤们不只留下了一个优越的发展空间、生态环境，更留给我们一个丰富的精神世界、灵魂家园。周邦虽旧，其命维新。古老中华文明不断自我更新、自我超越，此种不屈不挠、千年一系的精神决定了此前我们道路和制度的选择，也引领了我们当下物质的和精神的创造。作为先贤的子孙、后世的先驱，我们有责任传承这种精神，把国家建设得更美好、更适于中华民族和中国人民的生存发展。作为一个现代国家、一种古老文明的复合体，当下和未来的中国既要有发展，也要有坚守，既要追得上时代潮流，也要留得住传统根性，这样我们才有强大的心力、足够的定力。在长期以来的革命和建设中，中国共产党已经领导中国人民、中华民族赢得了这样的心力和定力，它因为忠实地传承了中华精神、成功找到了通往现代化的中国道路而成为我们的领路人、定盘星。因为这个主心骨、定盘星，我们成功建构了、实践着中国特色的新型政党制度，它是我们走中国道路、造福子孙后代的根本政治保证。我们要心无旁骛、始终不渝，坚守自己的民族和文化本位，坚持走自己选定的现代化道路，坚持适于自己改革、发展和进步的好制度。

总揽当代国际国内两方面局势、揆诸世界文明演进态势，人类社会正面临新的百年未有之大变局，历史也再次将我们的民族、文明推送到了一个紧要关头。中国国家与人民本就一直都搏击在自身历史三峡的急流险滩中，现在更是叠加了风高浪急的新挑战。这就仿佛一艘大船，不进则退、安危系之。那么，除了船上所有人都要同舟共济、一心一意之外，还尤其需要船长的睿智、坚强，需要他和他的参谋和水手团队集心聚力、团结一致。这正是当代中国政党政治的真实写照。为此，中国共产党、各民主党派和无党派人士都责无旁贷，都要承继"正谊明道"的胸襟与抱负，有所为、有所不为，都必须做出理性的抉择、贡献无私的心力。在当代中国，每一位中国共产党的党员、民主党派的成员和无党派代表人士，每一位中华人民共和国的公民，都应当积极投入新时代中国政治的最新发展中，不断坚持、完善和发展好我们的民主制度和政党制度，牢牢巩固政治共识，积极承担政治责任，勠力同心，为全面建设社会主义强国、为实现中华民族伟大复兴做出自己应有的贡献！

主要参考文献

一、中文著作、论文

《马克思恩格斯全集》第 1 卷，人民出版社 1956 年版。

《马克思恩格斯全集》第 17 卷，人民出版社 1963 年版。

《马克思恩格斯全集》第 18 卷，人民出版社 1964 年版。

《马克思恩格斯全集》第 46 卷（上），人民出版社 1979 年版。

《毛泽东选集》第 1—4 卷，人民出版社 1991 年版。

《毛泽东文集》第 8 卷，人民出版社 1993 年版。

《毛泽东年谱（1949—1976)》，中央文献出版社 2013 年版。

《邓小平文选》第 1—3 卷，人民出版社 1993、1994 年版。

《中共中央关于坚持和完善中国特色社会主义制度　推进国家治理体系和治理能力现代化若干重大问题的决定》，人民出版社 2019 年版。

习近平：《在庆祝全国人民代表大会成立六十周年大会上的讲话》，见《十八大以来重要文献选编》（中），中央文献出版社 2016 年版。

习近平：《在庆祝中国人民政治协商会议成立 65 周年大会上的讲话》，人民出版社 2014 年版。

《十三经注疏》（含本书中《尚书》《礼记》《易》《公羊传》《左传》所用版本），中华书局 1998 年版。

《诸子集成》（含本书中《论语》《孟子》《庄子》《荀子》《老子》所用版本），中华书局 2006 年版。

《国语集解》，中华书局 2002 年版。

《廿五史》（百衲本，含本书中《史记》、《汉书》所用版本），浙江古籍出版社 1998 年版。

许慎：《说文解字》，中华书局 2012 年版。

张载：《正蒙》，中华书局 1983 年版。

黄宗羲：《明夷待访录》，中华书局 1981 年版。

《孙中山全集》第 3 卷、第 9 卷，中华书局 1986 年版。

《梁启超全集》，北京出版社 1999 年版。

冯友兰：《中国哲学史新编》，人民出版社 1998 年版。

梁漱溟：《东西方文化及其哲学》，商务印书馆 1999 年版。

薄一波：《若干重大决策与事件的回顾》，中共党史出版社 1991 年版。

吴相湘：《宋教仁：中国民主宪政的先驱》，台湾传记文学出版社 1969 年版。

罗荣渠：《现代化新论》，北京大学出版社 1993 年版。

唐德刚：《晚清七十年》，台湾远流出版社 1998 年版。

王奇生：《党员、党权与党争：1924—1949 年中国国民党的组织形态》，华文出版社 2010 年版。

周淑真：《政党和政党制度比较研究》，人民出版社 2013 年版。

杨光斌：《中国政治认识论》，中国社会科学出版社 2018 年版。

王沛、陈庆伟：《"我—家—国"三位一体：中国人的自我结构》，《中国社会科学报》2014 年 9 月 1 日。

王传兴：《社会平等与个人自由之争——对 19 世纪末以来美国社会政治变迁一个剖面的分析》，《美国问题研究》2010 年第 1 期。

二、翻译著作、论文

［英］霍布斯：《利维坦》，黎思复、黎廷弼译，商务印书馆 1985 年版。

［法］卢梭：《社会契约论》，何兆武译，商务印书馆 1980 年版。

［法］孟德斯鸠：《论法的精神》，许明龙译，商务印书馆 1981 年版。

［英］洛克：《政府论》，瞿菊农、叶启芳译，商务印书馆 1982 年版。

［英］柏克：《法国革命论》，何兆武等译，商务印书馆 1998 年版。

［法］托克维尔：《旧制度与大革命》，冯棠译，商务印书馆 1992 年版。

［美］彼得森：《杰斐逊集》，刘祚昌、邓红凤译，三联书店 1999 年版。

［美］熊彼特：《资本主义、社会主义与民主》，吴良健译，商务印书馆 1999 年版。

［美］亨廷顿：《变化社会中的政治秩序》，王冠华等译，三联书店 1989 年版。

［意］萨托利：《政党与政党体制》，王明进译，商务印书馆 2006 年版。

［美］杜兰特：《信仰的时代》，天地出版社 2007 年版。

［美］巴泽尔：《国家理论——经济权利、法律权利与国家范围》，钱勇、曾咏梅译，上海财经大学出版社 2006 年版。

［美］布廖西：《美国法律故事：辛普森何以逍遥法外?》，上海人民出版社 2016 年版。

［加拿大］贝淡宁：《贤能政治》，吴万伟译，中信出版社 2016 年版。

［美］福山：《政治秩序与政治衰败》，毛俊杰译，广西师范大学出版社 2015 年版。

［英］诺德豪斯：《政治经济景气循环率》，英国《经济研究评论》1975 年第 2 期。

后　记

　　呈给读者的这本小册子，是我们在中央社会主义学院（中华文化学院）2018 年度教改核心课程——"中国的新型政党制度"讲稿基础上拓展写成的，是中央社会主义学院组织编导的《中国共识》丛书中的一本。中央社会主义学院是中国共产党领导的统一战线性质的高等政治学院，是民主党派和无党派人士的联合党校，承担着统一战线共识教育的重要职能。作为联合党校、高等政治学院和文化学院教师，我们当然要坚决贯彻习近平总书记"用学术讲政治"的重要指示精神，积极落实学院领导"以文化育共识"的办学新理念、教改新思路，充分运用古今中西比较的方法，向学员讲清楚中国新型政党制度的必然性、合理性和优越性，以切实强化学员的"四个意识"、"四个自信"，牢牢夯实中国特色社会主义政治共识的基础。这些对于教师们知识结构、学养能力等方面的要求无疑都是高标准的。我们自忖才疏学浅不够格、自知能力水平都有力所不逮之处，但我们责无旁贷，还是要挑战自我、知难而进。短短两年间，我们走出教学研究的"舒适区"，转换理论视角、增加知识储备，边学习边实践、边实验边提高，奋力越过学科界限，勉力凿穿中西、钩沉古今，尝试运用通俗明了的语言来阐发深刻道理、讲好中国新型政党制度故事。愚者百思，或有一解。我们还是取得了一点点的心得、收获。这本小册子就权当是提交给大家的一份汇报材料吧，其中难免有不少舛误、粗陋以及牵强之处，不免会贻笑大方，也请大家多多批评、指正。

在本课改项目实施过程中以及本书书稿写作过程中，关于研究的方向、目的、思路和方法，中央社会主义学院党组书记、第一副院长潘岳同志，以及其他有关领导同志都提出了明确要求；北京大学哲学系张梧同志做了具体指导；不少相关研究领域中专家、学者们的研究成果也给了我们很大启发。这些都令我们受益匪浅，在提升质量的同时大大加快了课程研发和书稿写作的进度。为此，我们要表示由衷的谢忱、崇高的敬意。此外，这个讲稿能被选中、出版成书，离不开中央社会主义学院教务部王志功、孙照海等同志给予的关注和帮助，离不开人民出版社编辑毕于慧同志所倾注的大量心力，在此也要一并表示衷心的感谢。

作者　谨识

2020 年 3 月 5 日

责任编辑：毕于慧
封面设计：林芝玉
版式设计：汪 莹

图书在版编目（CIP）数据

正谊明道：中国新型政党制度何以为新 / 徐锋，高国升 著．—北京：人民出版社，
  2021.3
ISBN 978－7－01－022859－4

I.①正… II.①徐… ②高… III.①政党－政治制度－研究－中国 IV.① D665

中国版本图书馆 CIP 数据核字（2021）第 040272 号

正谊明道

ZHENGYI MINGDAO

——中国新型政党制度何以为新

徐 锋 高国升 著

人民出版社 出版发行
（100706 北京市东城区隆福寺街 99 号）

北京汇林印务有限公司印刷 新华书店经销

2021 年 3 月第 1 版 2021 年 3 月北京第 1 次印刷
开本：710 毫米 × 1000 毫米 1/16 印张：12.75
字数：142 千字

ISBN 978－7－01－022859－4 定价：45.00 元

邮购地址 100706 北京市东城区隆福寺街 99 号
人民东方图书销售中心 电话：（010）65250042 65289539